Theodor von Hallberg-Broich

Reise nach dem Orient

Erster Teil

weitsuechtig

Theodor von Hallberg-Broich

Reise nach dem Orient

Erster Teil

ISBN/EAN: 9783956561054

Auflage: 1

Erscheinungsjahr: 2013

Erscheinungsort: Bremen, Deutschland

@ weitsuechtig in Access Verlag GmbH. Alle Rechte beim Verlag und bei den jeweiligen Lizenzgebern.

weitsuechtig

Reise nach dem Orient

vom

Eremiten von Gauting.

Zum Besten der Kolonie Hallberg im Freisinger Moos.

Omne Solum forti Patria.

1836 — 1837 — 1838.

Erster Theil.

A Barátság Magyar honnung ban lakozik je vándor
el ne kerüld ött.

Natalia Gräfin Wass,

zu Czege bei Szamosújvár in Siebenbürgen
am See Hodos.

Ihnen widme ich diese Reise, wie alle Stunden
meines Lebens im heiligsten Andenken.

Anfangen muß ich, wenn ich enden will. Die Welt ist zwar reich an Fibibus, doch schadet der Ueberfluß nicht, da es Tabak und Müssiggänger in Fülle gibt. Mit einem Esel will ich beginnen, den ich im Künstler=Verein in München sah, er war hochbepackt mit grie= chischen Alterthümern, die er seinem Herrn nach Hause trug, der eben auch daher kam, und den Esel aus Dankbarkeit verewigte. Ich glaube, ich will auch dahin, doch nur durchreisend, denn der griechische Wein schmeckt mir nicht, der Honig hat einen bittern Geschmack, und Erdäpfel hat man noch keine angepflanzt. Es darf in Mün= chen auf den Straßen nicht geraucht werden, man führt als Ursache an, weil in Athen zu den Zeiten des Perikles auch nicht geraucht worden sey. Man sieht in München viele Kunstschätze, welche als Monumente der Römer und Griechen da aufgestellt sind, wovon ich aber nichts verstehe, da ich nur ein Ackersmann bin, der gern alle Möser und Oedungen in Waizenfelder umschaffen und Ackerbau und Fabriken befördern möchte. Die Aerzte haben alle die Physiognomie der Infallibilität angenommen, weil Niemand an der Cholera gestorben, der sie nicht gehabt. In Italien soll mehr wie eine Million daran gestorben seyn. Die Geschichte sagt uns, daß, als Venedig Candia erobert, hätten sie zuvor eine Menge Aerzte nach dieser Insel geschickt. Ein schönes Mädchen wollte mich begleiten, ich halte aber Mädchen, Hunde, Knechte und Gepäck auf der Reise für eine große Last, weil man das Nöthige überall findet. Die um die Kinder-Menschheit so hoch verdienstvolle Gräfin Therese Brunswick von Korrumpa, eine edle Ungarin, hat auch in München für die Verwahrung der kleinen Bürger große Anstalten begründet; sie kämpft in allen Ländern mit unbegreiflicher Geduld gegen die Dummheit, bis sie ihren großen Zweck erreicht hat. Die Nachwelt wird der Erhalterin der Menschen ein Monument setzen, wenn man müde seyn wird, die erbärmlichen Triumphbögen auf die Zerstörer zu sehen, und die Inschriften auf Helden zu lesen, welche die Welt verwüsteten. Zu den Merkwürdigkeiten unserer Zeit in München gehören auch die Franziskaner, welche gutes Bier machen sollen. Die schöne breite Straße in Innsbruck, das Monument Hofers und Marimilian des Ersten sind sehenswerth. Die Lage umgeben von hohen Bergen ist von der größten Schönheit. Man fährt durch das Innthal nach Salzburg im schönsten Lande der Welt, und doch hat Bayern es nicht behalten wollen, weil die Politik seiner Diener die dankbarste war, sie sorgten für sich. Die Menschen in diesem schönen Lande sind feste, starke, kraftvolle Klötze, die Mädchen schön und die Tugend wohnt in himmlischer Klarheit auf diesen hohen Bergen; schönes Hornvieh, nette bequeme Häuser, Höflichkeit und gute Sitten sind zu Hause bei diesem zur Glückseligkeit des Lebens wahrhaft aufgeklärten Volk. Sie lieben ihr Vaterland und stehen stolz, frei und muthvoll mit Hochgefühl, Kraft und Herzlichkeit jeder Nation zur Seite. Reichenhall hat durch den Brand seine häßlichen Häuser in schöne verwandelt, aber mehr Ecken und Winkel sind entstanden, als bei der ersten Anlage der Stadt, und man erstaunt zu hören, daß diese auffallende Unförmlichkeit durch eine Baukommission entstanden ist, wie dieses derselbe Fall mit Haag ist.

Die schönen Goldhauben mit der Nationalkleidung haben in Salzburg fast allgemein auf-

gehört, und mit der Kleidung hat die alte ehr=
liche deutsche Eigenthümlichkeit auch ihre Farbe
geändert. Die östreichischen Soldaten sind voll
kriegerischen Lebens, sie sehen sehr gut aus, und
ich habe, wie immer, die Meinung, daß nur
ihre Anführer und sie nie besiegt werden können.
Um Linz sind eine Menge Montalembertische
Thürme nach der Mode=Befestigungsart unseres
Zeitalters erbaut, wozu Montalembert den Plan
von den Thürmen der alten deutschen Reichs=
städte im siebenjährigen Kriege nahm; das Un=
zweckmäßige wird sich nur zu sehr beurkunden,
wenn sie angegriffen werden. Das Land bis
Wien ist schön und sehr fruchtbar, alles zeugt
vom größten Wohlstand. Bei der Stadt wurden
meine Sachen visitirt. Da ich kein Buch mit
einem demagogischen Titel hatte, so wurde ich nur
nach meiner Brieftasche gefragt, weil man hoffte,
versiegelte Briefe zu finden. Da ich nun nie
eine Brieftasche gehabt, so weigerte ich mich,
eine zu zeigen. Das gab nun ein großes Ge=
schrei, alle Mauthbeamte wurden herbei gerufen,
man drohte mit Festsetzen, bis ich endlich nach lan=
gem Gezänk sagte, daß ich keine zeigen könne, weil
ich keine hätte, worauf sie, als sie meine Taschen
befühlt, beschämt abzogen, und von den vielen
Menschen, welche der Streit herbei gezogen,

ausgelacht wurden. Gegenüber meinem Zimmer im Matschafer Hof in Wien liegt ein sehr schönes Mädchen am Fenster und unterhält sich mit ihrem Fernglas, die alte Ruine meiner Person zu betrachten; sie ist nett und macht mir viel Vergnügen, da meine Ansicht wenigstens um fünfzig Jahre jünger ist, wie die ihrige. Linz liegt in einer schönen Gegend und soll viele schöne Mädchen haben. Gleich hinter Linz sieht man rechts an der Straße auf einem Hügel ein großes schönes Schloß, welches der baperische General Tilly erbauen ließ, und das jetzt einer nahe dabei liegenden Benediktiner Abtei zugehört, welche sein Bild in Lebensgröße zu Pferde, mit mehreren Gemälden, welche auf seine Großthaten Bezug haben, sehr gut erhalten besitzt. Bei Linz auf der ersten Post Ennz lag die römische Kolonie Laureacum, wo man viele Münzen und Alterthümer gefunden hat; da aber Niemand Geld zum Nachgraben verwenden will, so verdankt man das Gefundene dem Zufall.

Man fährt bis Wien durch viele schöne Dörfer und nette Städtchen, wo überall hoher Wohlstand und ein fröhlicher zufriedener Geist herrscht. Wien hat sich in neueren Zeiten sehr verschönert, aber die alte, weltberühmte Gastfreiheit und Gutmüthigkeit hat aufgehört. Die Bewegung

auf den Straßen ist größer, wie in Paris, nur
daß man in Paris einen Zweck hat, und in
Wien nur spazieren geht. Das Volk in Wien
ist nicht allein besser, sondern durchgehends sehr
gut gekleidet, aber es ist viel theurer zu leben, als
in Paris, welches vielleicht vom Papiergeld her=
kommt, und weil die Industrie bei dem Fran=
zosen größer ist, so hat man mehr für sein
Geld. In Paris kann man für drei Franken
sehr gut zu Mittag essen, in Wien erhält man
dafür nur die gewöhnlichen bürgerlichen Speisen,
wobei es schwer fällt, sich den Magen zu über=
laden. Die Soldaten haben an Haltung viel
gewonnen, die Unteroffiziere tragen aber noch
den Stock, welcher in unsern Zeiten allgemein
außer Mode ist; das ganze Kriegssystem riecht
noch stark nach dem vierzehnten Jahrhundert.
Uebrigens sind alle großen Städte sich gleich;
Häuser, Palläste, Kirchen, Kaufläden, schöne und
häßliche Mädchen, Affen, Narren, Kluge, Pferde,
Esel und das Volk der Doktoren, Advokaten und
Pfaffen, welche eine ganze Moderundung ange=
nommen haben, die Kapuziner tragen Stiefel,
Kapuzen und die daran hängende Jacke von
feinem Tuch und Modestöcke, wie unsre junge
Herren, und dann sagt man, in Wien merke
man nichts von der dummen Aufklärung unserer

Zeit, sogar der schöne Stephansthurm scheint aus Alterthum sein Haupt zur Erde zu neigen. Die Beschreibung einer europäischen großen Stadt ist für den Leser und Beschreiber höchst langweilig, weil die Monotonie tausendmal beschrieben ist, ohne den Begriff in sich zu fassen, den man in der Beschreibung zu finden hofft, weswegen alle Reisebeschreibungen, die nicht mit Lügen, Romanen und poetischen Träumen gefüllt sind, höchst langweilig und durchaus schlecht sind. Die Meisten sprechen von sich und den gleichgültigsten Sachen; eine versalzene Suppe, schlechtes Bier, Zimmer, Kaffe, Wein, Betten und alle Unbedeutendheiten füllen das Buch.

Preßburg hat eine schöne Lage an der schön fünfhundert Schritte breiten Donau. Hier ist der Anfang der Karpathischen Bergkette, welche sich durch ganz Ungarn zieht. Morgen werden die Leute, welche sich die Mühe geben, die Menschen zu regieren und zu inkommodiren, sich hier versammeln, um neue Regierungsleute zu wählen, welches man die Restauration nennt; es sind, sagen die Ungarn, Beweise ihrer Freiheit, worüber aber viele klagen, da man immer daran ziehe und reiße und sie vermindere, weil die Wiener alles selbst nach ihrer Art thun wollen. Sie haben sich zwar oft sehr gehorsam

bewiesen, doch auch einigemal gebrummt, und
den Ragozi-Marsch gesungen, allein die alten
Magyaren, welche von den Deutschen Tribut
zogen, bis sie von den Bayern auf immer nach
Hause geschickt worden, haben ihren starken,
festen, kriegerischen Sinn mit ins Grab genom=
men, und ihre Enkel leben mit den übrigen
Völkern auf einer Stufe, und wenn der Oest=
reicher nicht so weit hinter den übrigen Deutschen
zurück wäre, so glaube ich, würde der Ungar
allen Nationen zum Vorbild dienen können, weil
aber der Oestreicher immer nachgeht, so kann
der Ungar, der einmal hinter ihnen ist, nicht
vorkommen. Preßburg hat über dreißigtausend
Einwohner, viele schöne Mädchen, denen man
die Lebensfreuden ansehen kann. Ein alter Herr
von der Regierung, den die Sünde verlassen,
hat nach dem französischen Beispiel, welches die
mitleidigen Schwestern aus dem Palais=Royal
verjagte, sie auch hier von den Abendspazier=
gängen vertrieben. Es ist zu bedauern, daß man
den Franzosen gerade in allem Schlechten nachäffte.
Der Volksgarten über die Donau ist von der
größten Schönheit und mit Restaurationen und
Kaffehäusern wohl versehen, dann hat man ein
geschmackvolles Theater in freier Luft errichtet,
welches sehr besucht wird und den ersten Beweis

liefert, daß die Komödie am Tage und in freier Luft der jetzigen Art weit vorzuziehen ist.

Ich habe mit vieler Freude die Beamtenwahl gesehen. Der edle freie Sinn der großen Söhne des tapfern Attila zeigt sich hier in der kraftvollsten Erhabenheit. Mit Hochherzigkeit hört man das Wort Vaterland aussprechen, und der Mensch, welcher sich selbst den Dummkopf wählt, wovon er beherrscht seyn will, ist doch ein ganz anderer Kerl, als die Zwerggeburten, denen man jeden Tölpel auf die Nase setzt. Es ging bei der Verhandlung sehr lebhaft zu; viele wurden abgesetzt, oder ihrer Stelle entlassen, die nur auf drei Jahre gegeben wird, andere vorgeschlagen und nicht angenommen, bis endlich der Name des Glücklichen genannt wurde, der als Liebling des Volks das hochertönende Vivat erhielt. Und da morden sich die Franzosen seit dreißig Jahren und können noch nicht die einfache Art finden, ihre Vorgesetzte zu wählen, welche die Natur bei den wilden Magyaren am Kaukasus in ihre Seele schrieb. Als ich so in meinen Träumen etwas poetischer umherschweifte, hörte ich von einem kaiserlichen Hofdekret sprechen, welches mich dann wieder in die französischen Salons versetzte. Die Gastfreundschaft der Ungarn leidet zwar stark am

Krebs der übrigen Völker in Vergleich mit den alten guten Zeiten, doch findet man noch edle biedere graue Schnurrbärte, welche die Sitten ihrer Väter beibehalten haben. So wurde ich zu einem Restaurations=Essen eingeladen, wo wir mit Tokai und ungarischem Champagner auf das Wohl des Vaterlands und der schönen Ungarinnen viele Flaschen leerten. In Preß=burg, Posonium, ungarisch Posony, slavisch Preszburck, wohnen sehr viele pensionirte Of=fiziere, welche man müssig überall trifft, ich halte sie für die unglücklichsten Menschen auf der Welt. Mit großen Erwartungen traten sie jung, stolz und unwissend in den Dienst, lernten nichts als die Wichtigkeit des nutzlosen Gewehr=spiels, und endlich wurden sie pensionirt, von Schlachten und Entbehrungen in die größte Nul=lität zurückgesetzt. Müssig, allein auf der Welt hält man sie für ein lästiges, leicht zu ent=behrendes Möbel in der Gesellschaft. Sie schlafen bis zehn Uhr, ziehen sich an bis zwölf, gehen in das Kosthaus, am Abend in die großen Kneipen, und ihr einziger Gedanke ist, den Mittag und den Abend zu erwarten, bis sie sterben.

Die Ungarn sind Fremde, welche die frühern Bewohner aus diesen Ländern verdrängt haben, warum aber der Pater Held bei seiner astre=

nomischen Reise nach Torneo dieses Volk zu
Brüdern der Lappländer machen will, kann ich
nicht begreifen, bei allen Hypothesen, welche ich
in dem kleinen Werk des Pater Held gelesen
habe. Eine Sprachverwandtschaft findet sich unter
allen Völkern in einzelnen Worten, welche sich
durch Umgang oder aus der Natur der Sache
gebildet haben, wenn aber die verschiedenen
Völker durchaus mit einander sprechen können,
und sich verstehen, so kann man den verschie=
denen Stämmen noch denselben Ursprung zuge=
stehen. So sind die slavischen Völker in Böh=
men, Ungarn, Kroatien, Polen und Rußland
so durch die Sprache verwandt, daß man
glauben muß, wie es sich auch in den Volks=
sagen erhalten, daß die Russen einstens bis an
die karpathischen Gebirge geherrscht, und wie die
Volkssage ist, den Mark Oroszi in Ungarn erbaut
haben, und vielleicht durch die Ungarn verdrängt
worden sind, welche in Sprache, Physiognomie und
Lebensart mit den Slaven nichts gemein haben.

Die Israelitische Schule in Preßburg kann
allen Schulen zum Muster dienen. In Religion
und Sittenlehre erzählten mir die Kinder so
schöne zu Gott und der Menschen Wohl sich
erhebende Grundsätze, daß man sie für Brüder
der Christen halten mußte. Leider waren die

Kinder alle häßlich, so wie die ganze Straße, wo ihre Eltern wohnten, nur häßliche Menschen-Exemplare zählte, während man in Algier die schönsten Israelitischen Männer und Weiber sieht. Die katholischen Geistlichen gehen hier zum Nachtheil der Religion wie die wahren Windbeutel umher; in Seide und den feinsten Tüchern nach der Mode zugestutzt sieht man sie überall auf den Spaziergängen, wo die schönen Mädchen Lust und Freude athmen. Die Religion fällt durch ihre Priester, wie der Staat durch seine schlechten Beamten; sie tragen allein die Schuld der Weltunordnung, welche man den dummen Demagogen aufbürdet. Die Polizei lauert hier auf jedes Wort; das Beispiel, welches öffentlich gegeben wird, ist ihr Nichts.

Die Erfindung und Einrichtung der Dampfschifffahrt ist so groß, daß die Welt wie unser Garten am Hause liegt, und es nur eine Spazierfahrt ist von einem Pol zum andern. Die östreichischen und französischen sind zwar noch weit hinter den englischen zurück, unterdessen kommt man vorwärts, wenn sie nur nicht, wie alles unvollkommene, den Fehler hätten, viel theurer, wie die englischen zu seyn. Auch darin sieht man den Vortheil der freien Konkurrenz gegen die Schädlichkeit der deutschen Monopole.

Wer aber das Innere der Länder und die Völker kennen lernen will, muß das Dampfschiff oft verlassen, und das Unbequeme dem Bequemen vorziehen. So sah ich auf dem Dampfschiff von Preßburg bis Pesth nichts wie den Lauf der Donau und ihre flachen Ufer, bis endlich bei Komorn die Berge sich erheben und die Ansichten, malerischer werden. Die Insel um Komorn hat man befestiget, nach Erfahrung im letzten Krieg, wo man gesehen, wie schädlich die Festungen sind, wenn kein Volkswille sie vertheidiget. Pesth hat sich in sechs und dreißig Jahren, wo ich zuerst hier war, unendlich vergrößert und verschönert; unterdessen sind die schönen Mädchen aus jener Zeit alle gestorben oder zu scheußlichen alten Weibern geworden. Ofen, welches durch eine Brücke mit Pesth verbunden ist, zeigt schon durch seine schmutzigen Ufer, Gestank, Dreck und Koth, daß man dem Orient näher rückt, während Pesth auf dem Wege ist, eine der schönsten europäischen Städte zu werden, wenn nur nicht ein mögliches Anwachsen der Donau es zu Grunde richtet, wogegen gar keine Vorkehrungen getroffen sind. Es hat dieses mit Düsseldorf am Rhein zu befürchten. Die National-Physiognomien von 20 Nationen treiben sich in Pelzen, Hüten, Mützen,

Hosen, Jacken und allerlei Kleidern durch die
Straßen, und der Ungar schreitet unter ihnen
einher, wie der König, umgeben von armen
Unterthanen. Hier ist das Land der Edelleute,
alle übrigen sind nichts. Der Bauer hat in der
Konstitution keine Stimme und keinen Namen,
doch war bei dem letzten Landtage Rede davon,
ihm bei der Repräsentation von vier Millionen
eine Stimme zu geben, die sich aber ohne Echo
zum Schweigen bequemen müsse. Daß sich aber
die Edelleute mit seinem Wohl beschäftigen,
fühlt er täglich, wenn er arbeiten oder be=
zahlen muß. Unterdessen werden die Besitzun=
gen des Bauern immer kleiner und die Ab=
gaben drückender. Ein Edelmann sah, daß ich
auf der Donaubrücke bezahlte; er sagte mir,
es nicht zu thun, um kein böses Beispiel zu
geben, weil die Edelleute frei sind. Diese Brücke,
sagt man, trägt jährlich hunderttausend Gulden
ein, und so hinderlich sind die Privilegien dem
Emporkommen des Landes, daß man gegen den
allgemeinen Wunsch es doch noch nicht hat da=
hin bringen können, eine Eisenbrücke hier zu
bauen. Was man in allen Städten, die nicht
zu Krähwinkel gehören, gewöhnlich sieht, findet
sich auch hier, als Büchersammlungen, Casinos,
Huren= und Bethäuser von verschiedenen Sikten.

Pesth und Ofen haben keine Spaziergänge, welche Preßburg in der größten Schönheit besitzt. Der schöne Garten vor der Stadt ist zu weit, aber Sonntags bei schönem Wetter von schönen Pferden und Menschen sehr besucht. In Ungarn wohnen wohl zwanzig verschiedene Racen, welche sich durch Sprache, Sitten und Kleider sehr auszeichnen. Slaven gibt es wohl vier Millionen, welche sich wieder in Slowaken, Ruthenen, Böhmen, Polen, Wenden, Kroaten, Slavonier, Serben, Razen und Bulgaren theilen, wovon der Professor Dankowsky in seinem gelehrten Werk, Pesth 1836, behauptet, daß sie mit den Griechen ein Volk sind. Er sagte mir, daß er den Homer bearbeite, um zu beweisen, daß er in der slavischen Sprache geschrieben wäre. Ich habe wohl dergleichen Behauptungen in mehreren Schriften über diese Länder und Völker gelesen, aber nur dem Dankowsky war die Zergliederung möglich, da er ein sehr ausgezeichneter Gelehrter, Professor der griechischen Sprache und ein Slave von Geburt ist. Magyaren oder eigentliche Ungarn soll es drei und eine halbe Million geben, welche sich durch verschiedene Dialekte, als der Donau, Theis, und Paloczen, Magyaren am Matragebirge, auszeichnen. Walachen soll es eine Million geben und eine halbe Million Deutsche. Juden gegen zweimalhunderttausend, und dreißigtausend Zigeuner. Von diesen Völkern bewohnen die Slaven vier Komitate, alle übrigen sind über ganz Ungarn ausgebreitet, und jeder betet Gott an auf seine eigene Weise. Der Ungar ist der König unter diesen Völkern und Herr des Landes. Die Nationaltracht der Ungarn gehört zu der schönsten der Welt, hauptsächlich die weibliche, welche sie aber alle mit der häßlichen französischen vertauscht haben, weßwegen die Männer ihnen den Arsch hauen sollten, allein sie sind selbst vom französischen Geruch angesteckt. Der Bauer geht in seinem großen Schafspelz, das Hemd reicht nur bis an seine weiten großen Hosen von Leinen, worüber er am Sonntag eine enge tüchene zieht, welche mit einem Riemen um den Leib befestiget wird und gleich seinem kurzen Pelz mit Schnüren von Gold oder Seide verziert ist. Die ungarische Sprache hat in neuern Zeiten große Fortschritte gemacht, und bald wird die lateinische und die deutsche unter den höhern Ständen aufhören. Auch wird jetzt ein ungarisches Nationaltheater erbaut, wodurch wir Hoffnung haben, von dem langgeschlafenen ungarischen Genie originelle Theaterstücke zu erhalten. Die ungarische Musik ist ganz originell, so wie ihr

Tanz eigene Nationalschönheit ist. Die Slaven bewohnen vorzugsweise die Berggegenden und es gibt sehr viele schöne Mädchen unter ihnen. Die Deutschen wohnen meist in der Zips. Die Juden sind hier, was sie überall sind. Die Zigeuner sind die Musikanten, und leben in ihrem geheimnißvollen Wesen in den elendesten Hütten abgesondert von allen übrigen am Ende der Dörfer in Schmutz und Dreck. Die Kinder laufen wie in Egypten, ihrem wahrscheinlichen Vaterland, ganz nackt ohne Kleider umher und sind, wie das ganze Volk, mehr schwarzbraun als weiß. In der Bauart der Dörfer sieht man bei diesen verschiedenen Völkern den auffallendsten Unterschied. Der Ungar hat breite Straßen, große Häuser mit Höfen und Gärten und wohnt in den großen fruchtbaren Ebenen. Die Deutschen und Slaven bauen kleine und enge Häuser. Die slowakischen Häuser stehen zu zwei nahe bei einander, die Giebel nach der Straße gewendet. Die Ruthenen, Walachen, Razen und Serben haben die unordentlichsten elendesten Dörfer, in Kumanien wohnen sogar viele in Höhlen unter der Erde. Es ist einmal so, die Großen bauen Paläste, Casinos, Theater, Tempel und eine Menge nutzloses Zeug mit dem Gelde der Menschen, welche in Hütten wohnen, und diese Menschen geben ihre Arbeit um ihr hart verdientes Geld, und haben oft kein Brod für ihre Kinder.

Man sieht bei dem Ungar in seinem ganzen Leben noch viel Asiatisches, so ist seine Ackerwirthschaft ein Gemisch deutscher Ordnung und asiatischer Wildheit. Die Früchte werden durch Pferde und Ochsen, wie zu den Zeiten Abrahams ausgedroschen, die Körner dann in ausgebrannten Gruben in der Erde aufbewahrt, wo sie sich viele Jahre besser als auf unsern Speichern halten. Der Weinbau ist unermeßlich, bedarf aber in der Zubereitung einer großen Verbesserung, doch gehört der Tokay, wie man den Wein der ganzen Bergkette bei Mada nennt, zu den ersten Weinen der Welt, man heißt ihn allgemein Tokay, weil der König bei diesem Ort die ersten Reben pflanzen ließ. Der Tabak wird von Vielen dem Havanna und Virginischen vorgezogen, und würde Millionen einbringen, wenn die Ausfuhr frei wäre, allein der Kaiser schuf ein Monopol für alle seine übrigen Länder, wodurch kein Landmann, außer in Ungarn, Tabak ziehen darf, sodann fürchtet man die Bereicherung Ungarns, obwohl es gewiß ist, daß ein reiches Land eher zu unterjochen ist, als ein armes. Die Pferde aus den vielen Gestüten des Staats

und der Edelleute sind von der größten Schön=
heit, während die Pferde der Bauern unansehn=
lich und schlecht sind. Ungarn erstickt in seinem
Ueberfluß, muß aber viele Bequemlichkeiten des
Auslands entbehren, weil es seine Produkte nicht
zu Geld machen kann, da Oestreich die seltsame
Ansicht hat, daß man Ungarn nicht bereichern
darf, obwohl man den wahren Zweck eher durch
das Gegentheil erhalten würde, denn ein reiches
Volk vergißt seinen kriegerischen tobenden Sinn,
und ergibt sich dem Luxus, der Weichlichkeit
und dem Wohlleben. Die Schaf= und Horn=
vieh=Zucht geht in's Großartige und führt in
der großen Ebene hinter Pesth zum Nomaden=
leben. Die Heerden sind wild und werden
nur zur Erzielung der Ochsen gehalten; in den
Berggegenden benutzt man aber auch die Milch,
um Butter, Schmalz und Käse zu machen, doch
alles unordentlich, weil man überall zu viel
hat. Die Hirten sind halbe Wilde, ihre Schafs=
pelze dienen ihnen als Zelt, Bett und Ofen,
ihre weiten Hemden sind über und über mit
Fett beschmiert, um sich gegen die Gesellschaft
zu sichern. Nur der Edelmann kann Grund und
Boden besitzen, und ist von allen direkten Steuern,
Mauthen, Zehnten und allen Abgaben frei. Der
Bauer, welcher allein die Ehre hat, zu arbeiten

und zu bezahlen, kann auch noch mit fünfzig Stockhieben honorirt werden, welches aber das Maximum der Willkür ist, obwohl das Urtheil, welches der Edelmann einleitet, freigebiger durch hundert Hiebe sich auszeichnet.

Ein ganzer Bauernhof schuldet jährlich zwei und fünfzig Tage mit seinem Zugvieh, hundertvier Tage und drei Jagdtage Handdienste, und ein Neuntheil von allen Früchten, Schafen und Lämmern, dann noch drei Gulden und dreißig Kreuzer an Geld; ferner bezahlt er alle Landesabgaben, den Zehenten an die Geistlichkeit, welche sich die Mühe nimmt, für seine Seele zu sorgen, indem der Edelmann für seinen Leib sorgt. Eben sah ich in Pesth einen herrschaftlichen Koch in großem Aufzuge begraben, alle Köche folgten dem Zuge, man glaubte eine Maskerade zu sehen, so waren die Pferde und die Hauptpersonen des Leichenzugs angezogen. Warum zeigt man das Begraben in fast allen Städten in so scheußlichen Bildern, da man es doch in ruhigen, auf Geist und Herz berechneten Empfindungen darstellen sollte, um den Menschen nach seiner ewigen Wohnung der Vergessenheit zu bringen und ihm wenigstens einen gefühlvollen Gedanken zum ewigen Abschied zu geben? Die Vorstellungen sollten aus dem Leben seyn, wie bei den Etruskern, wo die Urnen, welche die Asche verschlossen, die Bilder der Freundschaft und der Liebe vorstellten. Der arme Koch ist jetzt zu den Enten, Gänsen, Fasanen und Kapaunen gefahren, welche er umgebracht, um den Gaumen seines Gebieters zu kitzeln, welcher die Arbeit der Bauern verzehrte, und endlich mit ihnen und uns allen in Staub zurückkehren wird. Ein Herr Kossuth hat die Reden und Komitatsverhandlungen abgeschrieben und allen Komitaten mitgetheilt, wodurch also eine Uebereinstimmung und nähere allgemeine Verbindung bezweckt werden sollte. Höhern Orts, wo man bekanntlich andere Absichten als niedern Orts hat, wurde das verboten, und der Herr Abschreiber eingesperrt, worauf dann in Pesth eine große Komitatsversammlung gehalten wurde, wo die Herrn Deputirten in freier männlicher Sprache ihren Unwillen eröffneten and für den Gefangenen mehrere tausend Gulden sammelten, dann bei dem König bittend einkommen werden, um dem gegen das Recht ihrer Konstitution Festgesetzten die Freiheit zu geben. Man sagt, daß, als die Herren in ihrer Kongregatio am Sprechen waren, man die Garnison in Bereitschaft gehalten habe, um ihre Hochherzigkeit im Nothfall zu dämpfen. Unterdessen sprachen sie frei, und ließen nicht, wie in Frankreich, ihre Mitbürger einsperren, ohne für sie zu sorgen. Ich habe dieser unvergeßlichen Versammlung beigewohnt, wobei es viele gute Redner gab, welche das vor den Franzosen voraus hatten, daß sie mit Kraft und Stärke die Wahrheit und die gesunde Vernunft vortrugen, welche in den französischen Reden in einem unnützen Geschwätz verloren geht. Zuerst wurde mir ein Sitz auf der Gallerie angewiesen, von wo man mich zu den Damen führte. Als ich diese herrlichen vaterländischen Gottheiten gesehen, schickte man aus der Versammlung herauf, um mir einen Sitz am Tisch der Parlamentsmitglieder anzuweisen und übersetzte mir alles, was gesprochen wurde. Ueberhaupt gleicht nichts der ungarischen Höflichkeit gegen Fremde, denn der kraftvolle starke Mann ist immer höflich, und nur die Feigheit und Dummheit glaubt sich durch Grobheit zu erheben.

Die Töchter der gebildeten Stände sind die liebenswürdigsten Geschöpfe, die man sich nur denken kann, schön wie die Rosen, und ich glaube, daß es bei keinem Volk schönere Mädchen gibt. Dabei ist in Ungarn auf die Bildung der Mädchen sehr viel verwendet, Musik und eine Menge der lebenden Sprachen, die schönsten weiblichen Arbeiten, Zeichnen, Malen, kurz alles, was die verweichlichte gebildete, civilisirte Welt nur Schönes denken kann, besitzen sie fast allgemein in Virtuosität, und wenn sich die sogenannten gebildeten Nationen mit Erziehung brüsten, so findet man das in Ungarn in Wirklichkeit, was in Deutschland, England, Frankreich nur Affektation ist. In meinen Augen ist die Ungarin die Königin der Welt, der alle Weiber huldigen müssen. Die Baronin Geramb hat in Pesth ein Erziehungshaus errichtet, welches in allen Ländern das erste seyn würde. Nie sah ich hübschere liebe Kinder, deren Herz und Verstand durch den Impuls der Baronin auf das Erhabenste ausgebildet wird. Glücklich der Mann, der so ein schön gebildetes Wesen an seiner Seite haben wird, wenn er zu lieben versteht, und der ewige Anbeter seiner Gottheit bleibt; leider, gewöhnlich verderben sich die Männer selbst ihr Lebensglück. Doch wird die Baronin Geramb durch ihre Opfer, Verstand und Herzensgüte und die seltne Gabe der Erziehungskunst dem dankbaren Andenken der jetzigen und der Nachwelt ewig lebendig bleiben.

Pesth erhebt sich mit Riesenschritten zur großen Stadt, und ein großer Geist zeigt sich in allen neuen Gebäuden, die man selten im Allgemeinen so schön und erhaben antrifft. Wenn

die Donau-Dampfschifffahrt sich in Verbindung
mit der langsam emporkommenden Dampfschiff=
fahrt in Bayern setzt und der Kanal Karls des
Großen durch den König Ludwig von Bayern
vollendet ist, und man Verbindungen mit dem
schwarzen Meer und so mit Rußland, Asien
und Indien anknüpft, so muß Pesth einstens der
Mittelpunkt des orientalischen Handels werden,
da es in lebendiger Verbindung mit Konstanti=
nopel und durch den Kanal mit Frankreich,
Holland und allen Indien zu Wasser steht. Die
Nachwelt wird sich wegen diesem Kanal in Lob=
sprüchen erschöpfen, da König Ludwig seit tausend
Jahren der Einzige war, der das große Beginnen
Karls des Großen vollendete. Die Ungarn haben
eine große Aehnlichkeit mit den Beduinen in
Nordafrika, und ich sah in Algier mehrere,
welche man wegen der auffallenden Aehnlichkeit
für Ungarn hätte halten sollen. Da es möglich
ist, daß, als die Ungarn vom Kaukasus aus=
zogen, ihr linker Flügel sich nach Tripolis, Fez,
Tunis und Algier gewendet hat, so hätte es
einen großen geschichtlichen Werth, dieses zu
untersuchen, wozu ich alle Ungarn auffordere,
welche Algier besuchen. Der Bauer in Ungarn
hat ein wildes, starkes, kraftvolles, männliches
Aussehen, durch seine lange schwarze Haare,

braune Gesichtsfarbe, seinen schwarzen Schnurr=
bart, und seinen unternehmenden Blick, dann
seinen weißen oder schwarzen Schafspelz, der
ihn bis zu den Füßen bekleidet, gegen die Kälte
schützt, im Sommer aber nur durch die Gewohn=
heit erträglich ist, und Nachts im Freien, wo er
sich wie alle Asiaten am liebsten aufhält, sein Bett
und seine Decke ist. Uebrigens sind es gute, gefäl=
lige Menschen, ihre Häuser sind sehr reinlich im
Innern und von außen alle weiß beworfen.
Die Männer sind im Allgemeinen schöner als
die Weiber, wie dieses bei allen Thieren der
Fall ist.

Von Pesth nach Siebenbürgen hat man auch
einen Eilwagen errichtet, der noch etwas schlechter
wie die östreichischen ist, und in Langsamkeit
die deutschen noch übertrifft, auch wird zur Abfahrt
keine bestimmte Stunde eingehalten, in den Wirths=
häusern findet man nichts, und wird über alle
Begriffe gepreßt. In Großwardein wurden die
Reisenden um vier Uhr des Morgens bestellt
und um sieben Uhr setzte sich endlich der Bauern=
Lastwagen, betitelt Eilwagen, in Bewegung, und
als ich dem Unternehmer darüber meine Be=
merkung machte, behauptete er, daß sein Wagen
genau nach den Wienern eingerichtet wäre, die
bekanntlich sich auch nicht eilen, um den engli=

schen beizukommen. Der Weg von Pesth nach
Debreczin gehört zu den schlechtesten der bekannten
Welt, das wird täglich wegen der vielen Fuhr=
werke seit Jahrhunderten gesagt, aber es bleibt
halter beim Alten. Es geht über die Kräfte der
Bauern, und die Edelleute brechen lieber den
Hals als ein nützliches Opfer zu bringen. Die
Kultur des Landes zeigt viele asiatische Wild=
heit und doch wachsen die Feldfrüchte mit einer
Ueppigkeit, die man bei der besten Kultur in
keinem Lande findet. Die Bauern kampiren mit
Wagen, Ochsen und Pferden zu Hunderten viele
Wochen lang auf dem Felde, bis sie die Aecker
des gnädigen Herrn gepflügt und besäet haben.
Es gibt auf diesem Wege wenige schöne Dörfer,
aber einige mit dem Titel Markt und Stadt.
Die Hälfte dieser unendlichen Ebene liegt öde
wie die Möser in Bayern, worauf große Heerden
Vieh weiden, während noch eine Million Menschen
da leben könnte. Erdäpfel werden keine gepflanzt,
aber viele Weinberge und einige romantisch an=
gelegte Dörfer sind mit Maulbeeren und Akazien
umpflanzt, die ein italienisches Ansehen geben.
Die Menschen liegen in Gruppen an den Wegen,
wilden, aber starken kraftvollen Ansehens, um=
geben von ihren schönen Heerden Hornvieh. Die
Pferde laufen in großer Menge wild umher.

Die Schaafzucht ist in Ungarn sehr groß, nur beschwert man sich, daß die Wolle zu wohlfeil ist; sie selbst im Lande in Tücher zu verwandeln, fällt ihnen nicht ein, sie verkaufen die Wolle im Auslande und ernähren Fremde, welche ihnen die Tücher schicken, womit sie sich bekleiden. Der Absatz aller ihrer Produkte ist gehemmt durch die östreichischen Zölle, und nach dem schwarzen Meere und Griechenland erlaubt ihn Rußland nicht; so ersticken sie in ihrem Ueberfluß, und der Adel, der über den Druck von Oestreich klagt, richtet seine Bauern durch Sklaverei so zu Grunde, daß in diesem von Gott so gesegneten Lande sich nichts heben kann. Die Gegend um Debreczin ist, voll kleiner Hügel und Erderhöhungen, worauf die Türken die Zelte ihrer Pascha's aufgeschlagen, viele haben noch die Namen Paschahügel, Türkenberg u. s. w. Doch glaube ich, daß mehrere davon Grabhügel sind, welches man für die Geschichte untersuchen sollte.

Die Hospitalität in Siebenbürgen hat sich noch nach der alten Sitte erhalten. Ich war eben in Klausenburg angekommen, als eine Gräfin anfuhr und sich erkundigte, ob der Eremit von Gauting da logire, sie habe ihn in München gesehen, wisse aber seinen Namen nicht. Es wurde in den Zimmern nachgefragt, bis man ihn endlich gefunden, man überhäufte ihn dann mit Höflichkeit und Einladungen, wo dieser alte Waldbruder die merkwürdigsten Bekanntschaften mit den schönsten Mädchen und liebenswürdigsten Frauen, worunter mehrere von ihren Männern geschieden waren, machte, indem er nicht begreifen konnte, wie man sich von solchen himmlischen Wesen trennen kann, unterdessen wünscht ein jeder, was er nicht hat, und hat er endlich den Wunsch erreicht, so wird er ihm bald lästig. Zur großen Höflichkeit gegen die Fremden gehört auch, daß, als ich hier die Kirchen der vielen Religions-Belustigungen angesehen, am Sonntage ein Paar Dekans zu mir schickten, um anzufragen, um welche Stunde es mir gefällig wäre, dem Gottesdienste beizuwohnen. Ich ließ den freundlichen Herren antworten, daß, da man doch aus dem Himmel keine bestimmte Nachricht über die Art und Weise der Anbetung erhalten, so hätte ich alle Religionen in mich vereinigt, wodurch ich also gewiß nicht fehlen könne; ich würde diesemnach alle Kirchen besuchen.

Bei dem Eintritt in Siebenbürgen hören die ungarischen Physiognomien auf. Man sieht, daß man bei gemischten andern Völkern ist. So zeichnen sich die Walachen aus, welche aus Dacien als römische Kolonisten hierher verworden sind, wie dieses ihre mit verdorbenem Latein gemischte Sprache beweiset. Ihre Dörfer sehen von weitem aus, wie aufgerichtete Heuhaufen, was sie auch in der That sind, denn in diesen wird mit Holz eine Kammer gemacht, worin sie sich bei schlechtem Wetter verkriechen, sonst liegen sie vor diesen Hütten umher und schlafen, da ihre größte Glückseligkeit die Faulheit ist. Sie werden drei Tage in der Woche zum Dienst bei der Herrschaft angehalten, wobei ein Aufseher mit dem Stock steht. Sie ernähren sich mit etwas türkischem Waizen und Milch. Erdäpfel werden keine oder nur sehr wenige bei ihnen gezogen, ihre Kleidung ist ein Schafpelz. Ruhe, Faulheit und müssiges Umherliegen ist ihnen Alles. Ich glaube, sie sind auch schlechte Soldaten, da sie keinen Antheil am Vaterland haben. Von der Regierung sind sie so vernachlässiget, wie ihre Heerden und die ganze Landes-Kultur. Die Weiber sind stark und eben so faul, den Oberleib haben sie nur mit einem Hemd überdeckt, worin sich die Formen ihrer Brüste hängend wie ein Paar Tabaksbeutel in starker, schwankender, eckelhafter Bewegung zeigen. Ueberhaupt ist auch der Anzug in den ersten Häusern bei den Frauen, Töchtern und Mägden sehr schlampig. Bei Besuchen oder

Sonntags sind dann die Damen sehr reizend, nett und im schönsten Geschmack gekleidet, wodurch sie ihre natürliche Schönheit siegend zu erheben wissen. Wie sehr sich auch alles bei den Vornehmen der Civilisation von Europa nahet, so sieht man doch noch überall asiatische Wildheit. Selbst in den Städten ersten Rangs sieht man in den Wohnzimmern der Edelleute Kisten, Schränke und allerhand Plunder, welche man sonst nur in abgelegenen Zimmern antrifft, ihre Tafel aber ist gut bestellt, der Wein sehr gut, die Speisen nach Landessitte aber sehr gut zugerichtet und ein französischer Feinzüngler würde nicht unbefriedigt aufstehen.

Klausenburg scheint zwanzigtausend Einwohner zu haben, worunter viele schöne Mädchen, welche sich im Hallerischen Garten an Sonntagen im schönsten Anzuge zeigen. Hier soll ehemals die römische Kolonie Claudiopolis gewesen seyn. Man findet viele Münzen und römische Götter in Bronze; dann sind in der Umgegend sehr merkwürdig die Salzwerke zu Kolos, und die große Höhle rechts unweit der Straße nach Hermannstadt. Hier ist die Gegend schön, im allgemeinen gut angebaut, welches Folge der Freiheit der Bewohner ist, die meistens Deutsche sind. Ihre Häuser sind reinlich und schön. Die armen Walachen, weiland Römer, sind Sklaven, Thiere der Adeligen, daher werden sie aus ihrem erbärmlichen Zustand sobald nicht erlöst werden. Die Weiber und Mädchen der höhern Stände sind die liebenswürdigsten Geschöpfe, welche die Allmacht diesem schönen Lande nur geben konnte, man muß sie anbeten, leider daß man sie nicht alle frühstücken oder zu Mittag essen kann. Sie haben in Siebenbürgen das noch vor den Ungarinnen zuvor, daß sie die ungarische Sprache viel reiner in der größten Zartheit und in den lieblichsten Tönen sprechen, wodurch diese sonst rauhe, harte Kriegssprache zu einer der schönsten der Welt wird. Auf die Erziehung der Männer wird nicht so viel verwendet, sie sind meistens rauhe Soldaten, die sich am liebsten mit Jagen und Pferden abgeben. Wenig geschickt zur Tändelei mit Damen, gehen sie von der Liebe, die ihnen nicht Plato lehrte, bald zur Ehe und der Vernachlässigung, welcher dann die Ehescheidung folget. Ich sah mehrere, die im höchsten Glanz der Jugend und Schönheit doch geschieden waren. Die Frauen verlieren bei der Scheidung am meisten, wenn nicht Ausschweifung sie dazu verleitet, und da die Natur sie zum Spielwerk für die Männer geschaffen, so sollten die Männer, um selbst glücklich zu seyn, immer mit ihnen spielen, denn der Wahrheit ist nicht zu widersprechen: Ein Haus ohne Frau ist wie ein Jahr ohne Frühling, und wie ein Sommer ohne Rosen.

Siebenbürgen ist das Land der Rosen, die in keinem Lande häufiger zu sehen sind, der schönen Mädchen und der herrlichsten Pferde. Leider geht der arme Walach mit seiner großen Römer-Physiognomie zwischen den Weinbergen und üppigen Fruchtfeldern durch wie ein Thier, das schlimmer als der Ochs des Edelmanns gehalten wird. Die Physiognomie der weiland Weltbeherrschung ist so zum Thier herabgewürdiget, daß ich ihm alle Kraft und Tapferkeit abspreche, er ist der Form nach noch Mensch, sonst gar nichts, bis auch ihm die Stunde der Erlösung schlägt, wo er die Welt und sich selbsten in Verwunderung setzen wird. Die Zigeuner verfolgen den Fremden mit ihrer Musik bis zum Eckel überall. Siebenbürgen ist voll römischer Alterthümer, die ich aber nicht Zeit habe aufzusuchen, obwohl ich ein Müssiggänger bin. Mein Ziel ist der Orient und so durchreise ich dieses schöne Land nur im Fluge. In jeder wissenschaftlichen Hinsicht ist Siebenbürgen vom größten Werth. Reich an Mineralien, Kräutern, Thieren, ist hier jeder Schritt merkwürdig und unbekannt bis auf die vielen schönen Menschenracen, welche es bewohnen. Man rechnet die Bevölkerung auf achthundert fünfzigtausend Walachen, sechshundert fünfzigtausend Ungarn und Szekler, dreihundert fünfzigtausend Deutsche. Wie ungewiß alle diese Angaben sind, beweiset, daß man die Zigeuner von zwanzig bis siebenzigtausend angibt. Dazu kommen noch sieben bis achttausend Armenier, zweitausend Juden, Bulgaren, Serbier, Russen, Polen, Mähren, Griechen, und die neuen deutschen Kolonien, welche man Ländler nennt. Die Landesverfassung mögen Andere beschreiben, mir ist es zuwider, über eine Verfassung zu sprechen, die einen Theil Menschen zu Göttern und den andern zu Thieren macht. In diesem herrlichen Lande, geschaffen zum Glück aller Menschen, fehlt alles in einem Wort: „vernünftige Freiheit," wo Jeder Antheil am Segen Gottes hätte. Es gibt hier außer bei den Sachsen gar keine Fabriken, gar keine Industrie, der Sklave denkt und arbeitet nicht, wenn er nur zu essen hat und schlafen kann, um sein Unglück zu vergessen. Sogar ihre Schafswolle schicken sie dem Ausland, um sie verarbeitet wieder zu erhalten. Kurz Alles schläft in ewiger Faulheit und Müssiggang, wenn sie nicht der Stock zur Arbeit für den Edelmann ruft. Siebenbürgen ist das Pa=

rabies der Erde, bewohnt von Adel und Thieren, und doch ist der Adel aufgeklärt, es gibt hell=
denkende Köpfe unter ihnen, die mit der Literatur von Europa sehr wohl bekannt sind, sie fühlen den Zustand der Bauern, aber es ist süß zu herrschen, behaglich andere für uns arbeiten zu lassen, und wie Bonaparte zu denken, daß alle Menschen Nullen sind, die man sich hinten nachsetzen muß, um angenehm zu leben, so lang es geht, bis endlich die Stunde schlägt, wo nicht mehr zu helfen ist. Hermannstadt hat eine sehr schöne Lage, ist aber mehr ein großes Dorf, als eine Stadt und sehr langweilig, kein Handel, kein Verkehr, keine Industrie, alles, was zum angenehmen Leben nöthig ist, kommt aus Oest=
reich, welches die Regierung zum Nachtheil aller Länder zu bereichern sucht. Der jetzt hier ver=
sammelte Landtag gibt der Stadt etwas Leben; wenn die Herren ausgesprochen haben, dann gehen sie, wie in Deutschland, nach Hause, und das Resultat ist das altbekannte Nichts.

In Siebenbürgen gibt es eine Menge Mei=
nungen der Anbetung Gottes, wie bei allen pro=
saischen Völkern, aber die klugen Bischöfe haben bis sechshunderttausend Gulden Einkünfte und Domherren zu zehn und zwanzigtausend, wäh=
rend der arme Bauer kein Brod für seine Kinder

hat und zum Thier herabgewürdiget ist: und
dann verwundert man sich, daß es Revolutionen
gibt, da doch das Licht der Erkenntniß einmal
scheinen muß. Die Wege sind meistens schlecht,
die Wirthshäuser ohne alle Mobilien für den
Magen, das Reisen so erschwert, daß man kaum
weiß, wie man fort kommen soll, aber die Men=
schen sind sehr gefällig, wenn sie ihre Neugierde
befriedigt, und den Reisenden auf alle Art aus=
gefragt haben, welches von der Seltenheit der
Reisenden kommt. So bin ich seit zehn Tagen
der einzige Reisende in Hermannstadt und bin
auch auf dem ganzen Weg von Pesth keinem
Fremden begegnet. Am Ende des zehnten Jahr=
hunderts eroberten die Ungarn Siebenbürgen,
vertrieben einen großen Theil der Einwohner
und nahmen ihre Felder und Hütten. Die
Szekler als Urbewohner schlossen Friede und
blieben in ihren Wohnplätzen an der Ostgrenze,
wo sie jetzt die kriegerischen Hüter gegen die
Türken sind. Die Deutschen, welche unter dem
Namen Sachsen hier wohnen, sind unter den
Arpaden hier angesiedelt, und der einzige fleißige
Theil der Bevölkerung, indem die Walachen
nach ihren Sagen die Urbewohner Siebenbürgens
seyn wollen, und Dacier oder Geten sind, welche
die Römer dahin verpflanzten, wie denn das

Land voll römischer Ueberbleibsel ist, nachdem Dacien von Trajan erobert und kolonisirt wurde. Die Armenier sind meistens Kaufleute und wanderten nach dem Verfall ihres Reichs nach Siebenbürgen, wo sie theils zusammen in den Städten Szamosujvàr, Gyergiö, Szentmiklos, Szépvix, Görgeny, und Elisabethstadt wohnen, und theils zerstreut in andern Städten und Dörfern Handel treiben. Man beschwert sich im Allgemeinen, wie überall, daß es so viele Regierungsleute gibt, welche in ihrer bureaukratischen Dummheit Alles besser wissen wollen, und nur die Stifter der Revolutionen sind. Siebenbürgen bezahlt zwölftausend Soldaten; man rechnet auf zehn Bauern einen Edelmann, indem Ungarn nur auf zwanzig einen Peiniger hat. Der Bergbau liefert jährlich mit der reichhaltigen Goldwäscherei bei zwölf Zentner Gold. Silber sollen fünfundzwanzig Zentner jährlich gewonnen werden. Die Bergwerke wurden schon von den Römern benutzt, die meisten liegen müssig oder werden schlecht benützt.

Ich sah in Hermannstadt einen sehr zahlreich besuchten Ball. Man tanzte deutsch, ohne Takt zu halten, als wenn keine Musik da wäre. Als ich von einer Dame sprach, sagte man mir, daß es keine Dame, sondern nur eine bürgerliche wäre, Damen werden nur die Adelichen

genannt. Das Wort Frau wird in der schönen Welt gar nicht mehr gebraucht, denn es kommt her von Fromm, während Dame von Dama eine Ziege abstammt; so ist denn Damengesell=
schaft nichts anders als Ziegengesellschaft. Das Wort Jungfer ist wie bekannt in seinem Wesen so verächtlich geworden, daß man, ohne zu be=
leidigen, es gar nicht mehr sagen darf. So wie die Siebenbürgerinnen ihren schönen Natio=
naltanz vergessen haben, so haben sie auch ihre schöne Nationalkleidung abgelegt, um sich als französische Affen im Spiegel zu sehen. Man nannte mir noch eine Familie, wo die Frauen die Nationalkleidung beibehalten haben, man nennt sie aber dafür Närrinnen. Im zwölften Jahr=
hundert soll der Ort Szaszváros von achthundert Familien aus Köln am Rhein angelegt worden seyn, gleichwie auch Kastendorf, Bärendorf und Elsterndorf deutschen Ursprungs gewesen seyn sollen, welche aber in der Schlacht bei Broßz im Oktober 1480 von den Türken gänzlich zer=
stört und die Bewohner, welche unter Anführung ihres Bürgermeisters Georg Hecht den ersten Angriff machten, alle zusammengehauen wurden. Die Siebenbürger sollen bei ihrem Sieg zehn=
tausend Todte gehabt haben, wobei die Türken über dreißigtausend Mann verloren haben sollen.

Der Landtag wird in Hermannstadt neben meinem Zimmer in einem schmutzigen Tanzsaal gehalten, und ich höre die Herren reden und gewaltig streiten, wahrscheinlich, wie bei allen Landtagen um nichts. Ihren Bauern vernünftige Freiheit zu geben, die Industrie und Fabriken mit der Landeskultur zu befördern, fällt ihnen nicht ein, bis der Bauer alles nimmt, und sie nichts mehr zu geben haben werden.

Das Wichtigste für Siebenbürgen wäre, den Alutafluß, welcher die Walachei fast in der Mitte durchschneidet, schiffbar zu machen, wodurch diese beiden Länder an dem orientalischen Handel, der sich durch die Donauschifffahrt über Ungarn verbreiten muß, Antheil nehmen könnten. Allein das gemeine Volk schläft wie der Ochs, wenn er sich am Pfluge müde gezogen hat. Wo keine Freiheit ist, da veröbet Alles. Der Adel denkt nur an sich, und wie er den armen hülflosen Bauern drücken soll, anstatt daß er selbst durch vernünftige Freiheit gewinnen würde. Wenn man nun an den Tabak und ihre guten Weine denkt, die sie auf ihren Flüssen Marosch und Aluta durch die Donau ausführen könnten, und ihr nie zu Ende gehendes Salz, so würde dieses allein Millionen einbringen, allein zwischen Freiheit und Sklaverei mit dem Adel im ewigen Kampf, erwarten sie von der Allmacht, die ihnen Alles gegeben, Geld, um noch länger zu schlafen. In dem ungarischen Gesetzbuch heißt das Edelste, was Gott dem Mann gegeben, die Frau. Aszszanyi àllot, das heißt: das Mensch, das Frauenthier, welches sie wahrscheinlich aus dem Orient mitgebracht haben, wo die Frau noch jetzt wie ein Thier behandelt wird; aber für einen aufgeklärten Adel ist diese Benennung eine schimpfliche Mißhandlung aller Weiber, und zeigt, wie sehr die Gesetze nach Barbarei schmecken.

Die Natur bestimmte Ungarn, Siebenbürgen, die Moldau, Bessarabien, die Walachei, Bulgarien, Rumilien, Slavonien, Montenegro, Kroatien, Herzogewina, Albanien, Dalmatien, Bukowina, Banat und Serbien zu einem großen Reich, wozu Konstantinopel der Schlüssel und die Inseln Griechenlands mit seinen Meeren die Marine war. Diese Länder waren alle im Zustand der leichtesten Eroberung, aber die Deutschen bekriegten sich lieber unter sich, wie die Griechen und Italiener und der Garten der Erde fiel in Getheiltheit unter einzelnen Despoten, welche wie die Wilden den Baum abhauen, um zu seinen Früchten zu gelangen, und die Kraft von Oestreich und Ungarn wurde in erbärmlichen Kriegen mit Frankreich und Preußen vergeudet. Sie sahen nicht, was an ihren Grenzen leicht zu erobern und mehr wie Preußen und Frankreich werth war, da man im Besitz obiger Länder Herr der Welt ist. Welches Reich, das sich vom adriatischen bis zum schwarzen Meer zwischen Deutschland und Rußland ausdehnt! Diese Länder waren früher von Oestreich leicht zu erobern, indem sie jetzt mit der Zeit von Rußland verschlungen werden. Auch Bonaparte konnte alle diese Länder leicht erobern, wo er überall Ueberfluß fand. Er konnte da ein herrliches Reich stiften, wo alle Kräfte schlafen, welche geweckt, eine unbesiegbare gigantische Kraft entwickelt hätten, dann konnte er das römische Reich herstellen. Statt dessen ging er nach Rußland, um Eis und Schnee zu suchen und als ein glücklicher unwissender Narr, als Gefangener zu sterben, da er nicht zu herrschen verstand. Niemand konnte den Schlüssel zu seiner Politik finden, weil er selbst ohne Plan nie wußte, was er wollte. Die meisten Eroberungen waren ohne ihn von der Republik gemacht, die er sich zueignete, und Frankreich in einem weit schlechteren Zustand verließ, wie er es als Kaiser für nichts erhalten. Und doch setzen ihm die Franzosen Monumente, weil er Millionen der Ihrigen für nichts ermorden ließ. Sein wahres Monument sind tausend fünfhundert französische Kanonen, welche in Moskau vor dem Schloß des Kaisers aufgestellt sind.

Das Theater in Hermannstadt ist angemessen der Stadt, daher wenig darüber zu sagen, ich gehe einigemal hin, wenn mir die Laune fehlt, müssig zu gehen, aber ich wundere mich immer, wie so viele Menschen dem Unsinn der Komödie zusehen und zuhören können, und Gottlob! halten mich die Meisten für einen Dummkopf, weil ich so spreche, allein das Weltregiment würde sehr schwer, vielleicht unmöglich seyn, wenn es nicht viele Dummköpfe gäbe. Ich sah hier eine zahlreiche Gemäldesammlung, welche viel Geld gekostet haben soll, und nicht ein gutes Stück hat, was hätte der Mann mit seinem Gelde nicht Großes, Schönes und Nützliches stiften können, wenn er es dem allgemeinen Wohl geopfert hätte, anstatt es dem Auslande für nichtswerthen Tand zu geben. Die Deutschen, welche hier allgemein Sachsen heißen, sprechen noch ausser Plattdeutsch auch Niederrheinisch, und sind in der Physiognomie, den Augen und Haaren gleich kenntlich, wenn sie sich auch nicht durch Reinlichkeit in Kleidern und Häusern auszeichneten. In ihrer Religion nennen sie sich Nachfolger Luthers, haben aber in ihren Kirchen fast alle

Zeremonien der Katholiken, nur daß die Messe in deutscher Sprache und das Abendmahl in zwei Gestalten, Wein und Brod gegeben wird. Das Taufbecken ist von großer Schönheit, in Erz gegossen und scheint mehrere Jahrhunderte zu zählen. Die Inschrift war aber so mit Dreck überschmiert, daß ich sie nicht lesen konnte, und die Figuren in erhabener Arbeit waren von Dreck fast unsichtbar. Die Geistlichen lachten über meinen Vorwitz, da es ihnen nie eingefallen war, die Bilder zu besehen — oder die Inschrift zu lesen.

Hermannstadt liegt in einer schönen Ebene am Fluß Cibin, welche durch eine schöne Bergkette und Hügelreihe begrenzt wird, sie ist eine Stadt der Sachsen (Deutschen), welche hier in ein Paar tausend Häusern wohnen, und sechszehntausend Seelen zählen sollen. In dem Stadtarchive sollen viele Urkunden aufbewahrt werden, welche Licht über ihre Ansiedlung verbreiten könnten, allein Niemand darf sie lesen, weil die Dummheit es verbietet. Der Landtag ist beschäftigt, neue Beamte zu wählen, wobei dann behauptet wird, daß Parteilichkeit und nicht freie Wahl das Ganze leitet. Der Adel lebt sehr zurückgezogen, und nichts zeigt, daß die reichsten Leute des Landes hier versammelt sind. Selbst der

Erzherzog, welcher sich hier wegen dem Landtage aufhält, lebt in der strengsten Sparsamkeit. Da sind keine Feste, Bälle, Tafeln oder große Gesellschaften, man sieht nur die schönen Damen und die still bürgerlich lebenden Adeligen auf der Promenade vor der Stadt in schlechten Wagen mit schönen Pferden, und Kutscher und Bediente im walachischen Bauernanzuge wie bei Maskeraden umherfahren, die dann mit den schönen Damen in französischer nachgeäffter Modetracht einen seltsamen Contrast liefern. Man hört sehr viel von Ehescheidungen unter diesen Landesvätern, und sagte mir zuvor, daß eine schöne Gräfin sich bald ehelichen würde, um sich im Kurzem wieder zu scheiden, sogar wollten viele behaupten, daß Frauen für Pferde verkauft und vertauscht worden wären, und doch giebt es kaum reizendere Mädchen in der Welt.

Das Land bis Kronstadt ist sehr gut angebaut, und nie sah ich eine üppigere Vegetation. Die Berge bilden nach allen Seiten die reizendsten Aussichten; die Dörfer sind groß und haben sehr schöne Häuser, welche den höchsten Wohlstand beurkunden. Die Bewohner sind reinlich gekleidet, alle sind Deutsche, und die Walachen, welche mit deutscher Freiheit unter ihnen wohnen, sind wie die Deutschen reinlich, arbeitsam und reich, da die Deutschen in Siebenbürgen durchaus frei und keine viehischen Sklaven der Edelleute sind. Kronstadt liegt im Burzenlande, so nennt man die Gegend längs dem Burzenfluß. Die Straße ist schlecht und der östreichische Eilwagen hat Mühe im Schritte durchzukommen. Ich war in vielen schön gebauten Wirthshäusern, wo man aber außer Obdach bei Regen nichts zu essen findet, man glaubt die Bewohner haben erfunden zu leben, ohne zu essen, doch erhielt ich in den Posthäusern Milch und Brod, wofür sie keine Bezahlung nehmen wollten, welches dann mit einem Geschenk an die Magd doppelt bezahlt werden mußte. Im Uebrigen sind die Menschen sehr höflich und gutmüthig, ich sahe noch unter den Bewohnern keinen Streit. Die Walachen sind ein schönes, kräftiges Volk, aber überall an den Wegen liegen sie zwischen ihren zahlreichen Heerden vom schönsten Vieh umher und schlafen. Vom Leben, seinen Reizen und der Herrlichkeit der Welt scheinen sie keine Begriffe zu haben, sie sind Sklaven und vergessen wenigstens, wenn sie schlafen, sich und ihr Elend.

Da kommt eine walachische Herrschaft von Bukarest in meinem Gasthofe zur Krone an, dem besten in Kronstadt und dem schlechtesten in der Welt. Dieser Gasthof ohne schließende Thür und Fenster sieht aus, als wenn ein Vorposten-Piket Jahre lang darin gehaust hätte. Diese Herrschaft mit mehreren Herrn und Damen reist nach Arapatak, vier Stunden von hier ins Bad, man glaubt den Vortrab des jüdischen Kriegszugs nach dem gelobten Lande unter dem General Moses zu sehen. Zwei große mit Matten bedeckte Lastwagen sind voller Menschen, die Herrschaften im schmutzigsten Anzuge mit schlampigten, besudelten, zerrissenen Kleidern, eine Menge Dienerschaft, Kammerjungfern ohne Strümpfe mit bloßen Füßen, alles schmutzig und besudelt, dann Köche, Bediente, Türken und Walachen, Alle mit zerrissenen besudelten Kleidern, halb nackt, dann Betten und sonstige Hausmobilien, von Alter zerstört und zerbrochen bis zu einem alten Trog, worin man Brod zum Backen anmacht. Enten, Gänse, Hühner, Hähne, Hasen und Lämmer machen die Hofmusik der gnädigen Herrschaft: Alles wird ausgepackt und die Zimmer gleichen einem Trödelmarkt des schlechtesten Plunders, es wird gekocht, gegessen und geschlafen, bis endlich die Herrschaft, französisch gekleidet, im Putz hervorkommt, um sich in den Straßen sehen zu lassen. Vor den Zimmern liegen die Matten, welche die Wagen bedeckten, worauf die Dienerschaft umherliegt, und

wenn die Herrschaft sie nicht braucht, Tag und
Nacht schläft. Sie glauben durch diese zahlreiche
Dienerschaft, die einer Heerde Bettler gleicht,
ihre Größe, ihren Adel und ihren Reichthum
anzuzeigen, während sie vielmehr eine große Last
und das wahre Bild der Wildheit und Unord=
nung ist. Daß ich ganz allein reiste, konnten sie
gar nicht begreifen. Kronstadt, von schönen ko=
lossalen Bergen umgeben, bewohnt von allerlei
Menschenracen, zählt mehr wie dreißigtausend
Einwohner und hat nach hiesiger Art großen
Handel. Die Stadtregierung soll sehr reich seyn,
weßwegen sie kann ihre Regentschaft nach Art
der griechischen sehr weise führt. Z. B. die
Stadt hat kein ordentliches Steinpflaster, keine
Nachtbeleuchtung; in den Straßen fließt das
Wasser umher, daß man kaum mit trockenem
Fuß gehen kann. Die Schulen sind sehr schlecht,
es giebt kein Kranken= noch Armenhaus, kein
Theater noch Wirthshaus, und da der hochweise
Magistrat nicht weiß, was er mit den großen
Einkünften machen soll, so läßt er mitten in der
Stadt den Weg versperren und ein Stadtthor
in Form eines Triumphbogens bauen, welcher
die Namen der regierenden Magistratsglieder
tragen muß, um sie, wie sie sagen, der Ewigkeit
aufzubewahren; es werden dazu fünfzigtausend

Gulden verwendet. Alle Abende wird geschlossen, um nach großer Weisheit die halbe Stadt von der andern Hälfte abzuschließen. Die Welt hat viele große Monumente auf die Dummheit errichtet, doch der Thortriumph in Kronstadt wird wohl einzig bleiben. Bei jedem Schritt bewundert man die wunderschöne Lage der Stadt. Bei meinem Herumlaufen sah ich noch zwei Triumphthore, welche die Namen der Regierungsleute trugen, die das Geld der Bürger verschwendet hatten. Da waren die Herren Lederer, Schusterer und Schneiderer zu lesen, die sich bei der lateinischen Inschrift sehr ästhetisch ausnahmen. Der vornehmen Gesellschaft wegen paradirt auch der Name des Kaisers Franz darauf. Mehrere gerade Straßen laufen bis auf die alte Stadtmauer, ohne einen Ausgang zu haben, was gegen die Weisheit des Magistrats wäre. Die Religions-Meinungen durchkreuzen sich in allerlei Formen und verbreiten Haß und Verfolgung. Die Stadt hat sieben unterthänige Dörfer, welche von dreizehntausend evangelischen Ungarn und nicht unirten Walachen bewohnt werden, welche große Abgaben und Dienste leisten müssen, um Thore und Monumente für Schneider und Schuster zu bauen, welche Magistratsglieder sind. In der Gegend ist die Ferenzen-Höhle, wo man das Rauschen eines unterirdischen Bachs hört, auch hat der Annen-See eine reizende Lage, überhaupt hat Siebenbürgen viele merkwürdige Naturschönheiten, auch Gold, Silber, Kupfer, Blei, Zinn, Eisen, Salz, guten Wein, schöne Pferde und himmlische Mädchen. Bei Salzfeld sind Bergtheer-Quellen, welche benützt werden, nahe dabei sind die berühmten Schwefelhöhlen, ganz mit Schwefel überzogen, es ist schwer darin zu athmen, aber die heißen Schwefeldämpfe durchdringen schnell den ganzen Körper, und sind ein sicheres Mittel gegen Gicht und andere Gebrechen, welche nur durch starke Ausdünstung gehoben werden können. Es giebt in Siebenbürgen über sechszig Gesundbrunnen, es ist das Land vieler Naturwunder.

Mein schmutziges Behälter im Wirthshaus zu Kronstadt war mir endlich so zuwider, daß ich mich in einem Lastwagen nach Bukarest schroten ließ. Wie weit dieses große schmutzige Dorf von Kronstadt ist, weiß Niemand, weil der Weg nie gemessen worden ist. Man rechnet die Entfernung nach Tagreisen, ich habe sie auf vierzig Stunden angeschlagen, wozu wir vier Tage brauchten. Mein Wagen war den schweren Lastwagen in Deutschland gleich, jedoch ohne alles Eisen, nur in Holz mit einer Matte überdeckt und mit acht Pferden bespannt, welche ein mit Stricken zusammengeknüpftes Geschirr trugen. Ohne Zaum, ohne Leitseil gingen an der Deichsel zwei, dann in der Mitte vier und vorne wieder zwei Pferde mit einem Knecht ohne Leitseil, indem auf dem linken Pferd an der Deichsel auch ein Bauer saß. Die Pferde sahen elend aus, waren klein, aber von großer Stärke und Güte. Sie zogen den schweren Wagen durch den Koth bis an die Achse, über hohe Berge, die oft so steil waren, daß man es in andern Ländern für unmöglich halten würde, hinauf oder hinunter zu fahren. Ueber fünfzig Mal passirten wir die Flüsse, und sechsmal mußten die Pferde schwimmen, indem das Wasser durch den schweren Wagen floß. Bevor der Bauer es wagte, durch den Fluß zu fahren, machte er eine Menge Kreuze, und empfahl seine Seele oft Gott. Er erklärte mir die Gefahr und erzählte, wie viele da schon ertrunken waren, doch endlich schwammen wir dem Ufer zu. Die Landesregierung von Oestreich und Walachei bekümmert sich darum nichts, obwohl es für beide Reiche ein bedeutender Handelsweg ist. Wer ersäuft, sagen sie, hätte zu Hause bleiben sollen. Nicht weit von Kronstadt ist der östreichische Pestkordon, die Quarantaine und die

Douane, eine Anstalt, die nicht zweckloser und dummer seyn kann, da ich einer Menge Salz=schmuggler begegnete, welche mit ihren Pferden die Douane und den Pestkordon umgehen. So begegnete ich auch mehreren Handwerksburschen, welche, um nicht zurückgewiesen oder zwanzig Tage fruchtlos eingesperrt zu werden, sich vor=bei geschlichen hatten. Der Zweck ist also gänz=lich verfehlt, und die ganze Einrichtung so schmutzig, daß sie nur mit den Gefängnissen, wo die Menschen auf Leben und Tod sitzen, ver=glichen werden kann. Uebrigens herrscht hier die vollkommenste Gleichheit und der Höchste wird mit dem Niedrigsten in Löcher zusammen ge=trieben, wo unter Koth und Dreck Wanzen, Flöhe und Läuse nisten und sogar in den scheuß=lichen Gemächern die kleinen Fenster geschlossen sind, wodurch auch die frische Luft fehlt und die pestilenzialische Ausdünstung so vieler Menschen durch einander ansteckend seyn muß. Viele werden daher krank, welche ganz gesund hereingekommen sind, dann werden sie wie Gefangene mit dem schlechtesten Essen für theures Geld auf das un=erhörteste geprellt. Man nennt das die Men=schen gegen die Pest schützen, unterdessen trägt die Pestanstalt der Regierung viele tausend Gul=den ein und gehört zu den besten Domainen des

Landes, weßwegen es jetzt Mode wird, allenthalben auf die Pest zu spekuliren und Quarantainen anzulegen. In den Wirthshäusern erhält man nichts als Mehl von Kukuruz, welches man mit Wasser angemacht und gekocht mamoluga nennt und essen muß, wenn man nicht verhungern will oder seinen Mundvorrath mitbringt. Mit dieser Speise lebt der Bauer, der stark und kraftvoll ist, und den Beweis liefert, wie leicht eine Armee zu ernähren wäre, welche auf vierzehn Tage ihre Mehlbedürfnisse selbst tragen müßte, wenn man bei dem Soldaten alle die eingebildeten Nothwendigkeiten des Luxus abschaffen wollte. Die Franzosen haben in Nordafrika große Transporte, die Araber gar keine, sie haben ihr Mehl zum Essen und die Gerste für ihr Pferd in einem Sack im Sattel hängen.

Bukarest liegt am Fluß Dumbrowitza, der bei Ruschtschuck in die Donau fällt und für den Handel von der größten Wichtigkeit wäre, aber man kennt keinen Handel als mit Hornvieh, welches von der größten Schönheit ist. Daher ist auch der Name Bojar entstanden, wie sich hier die Edelleute nennen, nehmlich von bos, Ochs, oder Walachisch boi, Ochs, und are, haben, also boiare, Leute, welche viele Ochsen hatten, und daher reich waren. Uebrigens ist der eigentliche Ochs der Bauer, welcher sein Geld und seine Arbeit dem Bojaren gibt, und noch nach Willkür durchgeprügelt wird. Die Berge, worüber mein Weg ging, sind meistens öde oder mit niederm Gesträuch bewachsen. Zwei Tage fuhren wir durch die üppigsten Felder, wo die Früchte mit Gesträuch, Dornen und Unkraut in Menge durchwachsen waren, daß man oft die dazwischen stehenden Früchte kaum sahe, welche sie dann mit der Sichel aussuchen und abschneiden. Unkultivirt liegen Strecken von mehreren Stunden, worauf hunderttausend Familien leben könnten. Ich sahe auf der ganzen Ausdehnung von vierzig Stunden nur wenige Dörfer und große Waldungen von jungen Eichen von Armödicke, welche jetzt im Juli abgehauen und grün mit den Blättern und Reisern zu hundert Fuhren nach Bukarest geführt wurden, um so naß und grün verbrannt zu werden. Die Weiber sind meist häßlich, sie haben eine mürrische trotzige Miene, ich hörte sie überall mit ihren Männern zanken; auch die ersten Damen haben nichts Anziehendes, sie sollen aber doch für den thierischen Genuß so eingenommen seyn, daß unter den Ersten fast allgemein die schmutzigsten Krankheiten herrschen. Wer die altrömischen Goldmünzen betrachtet, wird die Gesichter der römischen Imperatoren häufig bei den Walachen wieder finden, so gleicht mein Fuhrmann auffallend dem Diokletian, ich sahe den Nero, Mark Aurel und Andere. Sie tragen, wie die Römer, die Tunika in ihrem schönen weißen Hemd, welches über die Hosen mit sehr weiten Aermeln bis über die Kniee reicht. In Bukarest begegnet sich der Morgen und der Abend in Sitten, Kleidern und Gebräuchen. Der Bojar in morgenländischer Tracht, der Bauer in der Tunika mit einer Gurt um den Leib sehr malerisch und schön, dann Pelze bis an die Knie, andere in Pelzen bis zur Erde. Die meisten Einwohner, Männer und Weiber, in Pelzen bei der fürchterlichsten Hitze. Ich frug, ob sie im Winter, der hier sehr streng ist, nackt gingen, sie tragen aber alsdann so viele Pelze über einander, daß sie kaum gehen können. Die Straßen sind leer an Weibern, überall türkische Sitte. Die Bojaren erscheinen nie zu Fuß, in Kraft ihres Ochsenadels hat die Eitelkeit ihnen versagt, zu gehen, und als sie zur Zeit der griechischen Rebellion sich nach Kronstadt geflüchtet, und endlich aus Mangel an Para die Pferde verkaufen mußten, bemerkte man bei Vielen, daß sie gar nicht recht gehen konnten, und doch wäre es Zeit, sich in dieser Bauernkunst zu üben, weil zu erwarten steht, daß sie es bald brauchen werden.

Ueber mein Wirthshaus, welches Hanemann=
muck heißt, ließe sich eine Reisebeschreibung
von mehreren Bänden machen. Der Schmutz,
Dreck und Koth hat so das Unendlichste über=
stiegen, daß aller Dreck einer französischen Stadt
nicht hinreichen würde, den hiesigen zu ersetzen.
Ein großer Hof voll Pferde und Fuhrwagen,
womit man hier reiset, umgeben von Menschen,
welche Tag und Nacht auf der Erde liegen, und
zwischen ihren Pferden schlafen; überall Koth
und Dreck; das ganze Haus droht vor Alter
den Einsturz. Rund um im Hof laufen Bogen=
gänge, Alles in altem Holz, überall Löcher zum
Durchfallen, eine ganz zerbrochene Stiege, worauf
man mit Lebensgefahr zu den schmutzigen Be=
hältern kommt, welche die Stelle von Zimmern
vertreten. Die Thüren ohne Schlösser, die
Fenster ohne Glas, nur mit Papier verklebt,
welches ganz zerrissen; kein Bett, nur eine Pritsche
wie in den Wachtstuben der Soldaten. Ich liege
darauf mit den Kleidern, in meinen Pelz ge=
hüllt, und habe den Vortheil, am Morgen schon
angezogen zu seyn, und für dieses Loch muß ich
täglich einen Gulden dreißig Kreuzer bezahlen,
oder auf der Straße kampiren. In einem Vor=
gemach, wo ich durchgehen muß, wohnen zwei
Damen, welche ohne meinen Willen mir ihren

Busen und mehr noch zu sehen gaben. Sie haben das Quartier gemiethet, liegen fast den ganzen Tag auf ihrer Holzpritsche, arbeiten nichts, essen Gurken, Zwiebeln und schlechtes Brod, spazieren dann zur Verdauung mit entblößten Busen ohne Strümpfe, mit schmutzigen Beinen, zerlumpten Kleidern und hängenden Haaren durch die halb verfaulten Bogengänge. Aus dem Boden meines Zimmers kriechen allerhand Insekten hervor, in solcher Menge, daß ein Naturkundiger genug zu spekuliren hätte, um über die kriechenden, hüpfenden, springenden und fliegenden Insekten sein System zu ordnen. Die Soldaten sind schön, zweckmäßig gekleidet und meisterhaft exerzirt, ich habe ihren Manövers beigewohnt, wo der Feldherr bei'm Defiliren jedem Zug seine Zufriedenheit zurief, und sie dann antworten mußten: „Lange lebe unser Feldherr!" welches auch wohl geschehen wird. Die Kultur ist so vernachlässiget, daß ganze Dörfer oft ihre Felder verpachten und sich dem Anpachter zum sklavischen Dienst verbinden, welchen sie dem Bojaren leisten müssen. Man erzählt viel von der Hospitalität der Bojaren; ich habe Viele im öffentlichen Leben kennen gelernt, aber keiner hat mir ein Zimmer angeboten oder mich eingeladen, ihn zu besuchen, und ihre ganze Hospitalität besteht darin, daß sie sich dessen rühmen, was sie gar nicht sind. In Ländern, wo man für sein Geld Alles haben kann, braucht man die Gaben der Hospitalität nicht, allein in Bukarest würde sie jedem erwünscht kommen, weil man mit Mangel aller Art kämpfen muß. Das Theater gleicht den herumziehenden in Deutschland. Die Bojaren gaffen eine Oper an, in der es kein deutscher Schneidergesell ausgehalten hätte. Der Schmutz bei dem Essen im einzigen Gasthofe bei Hanemannnück eckelt noch mehr, wie das schlechte Essen selbst. Die Reichen haben sehr schöne Pferde, aber alte schlechte Wagen, welche, nachdem sie in Wien gebraucht und außer Mode sind, neu aufgeputzt hier zur Galla dienen. Am Abend fahren die Damen in langen Zügen spazieren, auf einem kurzen guten Weg, welchen die Russen angelegt haben. Wenn der Hospodar seine Kriegsmusik spielen läßt, setzen sich die Damen umher, und merkwürdig ist, daß auch nicht Ein Herr zu ihnen geht, um mit ihnen zu sprechen, so sehr sind ihre Gebräuche türkisch, während ihr höchster Wunsch ist, für Franzosen gehalten zu werden. Die schönen Häuser in der Stadt werden gar nicht unterhalten, an vielen fehlen Thüren und mehrere Fenster, der

Mörtel ist abgefallen und vom Tage ihres Fertig-
seyns zerfallen sie in Ruinen ohne alle Ausbesserung. Die Kutscher und Bedienten sind auf
die lächerlichste Art orientalisch gekleidet und
immer fehlt etwas, was Ordnung und wahre
Wohlhabenheit anzeigen könnte. Eine Menge
Glücksritter kommen hieher, um ihre Finanzen
zu flicken, und da das langsam geht, so erhalte
ich viele Besuche, um meine Reisekasse in Kontribution zu setzen. Ich glaube aber nicht, daß es
das wahre Land der Glücksritter ist, mehr haben
sich die teutschen Höfe dazu geeignet. Es soll
dreihundert Kirchen hier geben, wo Gott überall
sehr gut wohnt, indem die Menschen in den
scheußlichsten Löchern hausen. Die Kirchen sind
von Außen und Innen mit den komischsten Vorstellungen der Anbetung, der Hölle, dem Himmel
und einer großen Zahl Heiligen bemalt, worunter die Teufel sich sehr ästhetisch ausnehmen.
In dem Fluß, welcher durch die Stadt lauft,
baden Kinder, Männer und Weiber ganz nackt,
und viele stehen auf der Brücke und belustigen
sich an den Nuditäten. Der Aufenthalt ist sehr
langweilig, die wenigen Spaziergänge sind nie
von Damen besucht, welche sich zu gehen schä-
men, man sieht sie nur auf der Spazierfahrt;
sonst giebt es gar keine öffentlichen Zusammen-

künfte. Ob sie Privatgesellschaften haben, ist mir unbekannt, weil ich bei all ihrem Geschwätz von Hospitalität nie dazu eingeladen worden bin. Die Hausmobilien bei den ersten Herrschaften sind, wie in Algier und der Türkei, nur einige Kisten und Schränke, worin sie ihre Kleider verwahren, dann längs den Zimmerwänden ein Sopha, worauf sie den ganzen Tag umherliegen, und der ihnen des Nachts mit den Kleidern zum Schlafen dient. Leintücher haben sie keine, ein Mantel oder Pelz dient gewöhnlich als Decke, Betten giebt es keine. Der russische Posthalter hatte mich mehrmalen zum Mittagessen eingeladen und kam endlich selbst angefahren, um mich nach seinem Landhaus mitzunehmen, ich war froh nach so langer Entbehrung doch wieder einmal menschlich zu essen und verlebte bei seinen schönen Töchtern einen frohen Tag, da man hier wie unter den Wilden lebt.

Der Hospodar ließ mich zu Mittag einladen, welches ich dadurch verdienen mußte, daß ich der Lehrprüfung der jungen Leute beiwohnte. Es gieng dabei sehr gelehrt zu, die Professoren lasen lange Reden ab, worin gesagt wurde, was die Griechen und Römer gethan hätten, übrigens war alles wie bei uns; jedes Kind hatte die Antwort schon lang zuvor im Kopf, die es her=

sagen mußte, sonst hätte man sich wundern müssen, daß die Welt so voller Dummköpfe ist, wenn die Kinder schon so viel wissen. Damen waren wenige zugegen. Wenn sie gewußt hätten, daß die Damen in Paris so vielen Antheil an den Wissenschaften nehmen, so wären sie gewiß alle gekommen, denn das größte Kompliment, das man hier einer Dame machen kann, ist, sie mit einer Französin zu vergleichen, weil sie dieselbige Affen- und Närrinnen-Natur haben, wie bei uns; und wer den Mädchen sagt, daß er in Paris wohne, kann sie alle heirathen. Endlich werde ich ohne Rückerinnerung Bukarest verlassen, mit seinem eingebildeten Bettelstolz, seinen buntscheckigten Menschen, seiner Armuth, seinem Elend, Schmutz und Dreck, und hoffe ich, diese ärmliche Hütten, zwischen denen sich nur einige große und schöne Häuser erheben, auf denen die Zerstörung ruht, nie wieder zu sehen. Ich werde eine Stadt nicht vermissen, deren achtzigtausend Einwohner in ihrer eingebildeten Civilisation nicht so viel Hospitalität haben, dem Fremden ein Zimmer anzubieten, während sie wissen, daß er sich in den scheuslichsten Löchern lagern muß. Denn im eigentlichen Sinn gibt es kein Wirthshaus als nur für die ärmsten Bauern oder Handwerksbursche, während die armen Lappländer

mir ihre Hütten bei meiner Reise nach dem
Nordkap freundlich anboten, und mir Milch,
Rennthierfleisch, Thran und Fische gaben, ohne
ein Wort von Civilisation oder Hospitalität zu
sprechen, welches die Bojaren immer im Munde
führen. Bei meinen Wanderungen durch diese
Dorfstadt verirrte ich mich in einem Garten, wo
Mineralwasser getrunken wurde. Wie groß war
mein Erstaunen, als ich zwischen Herren und
Damen Einige ganz nackt im vorbeifließenden
Dumbrowitza umher schwimmen sah, und zwei
bekannte sehr schöne Fräuleins sich auch nackt
auszogen und sich badeten. Ich kann also be=
zeugen, daß sie sehr schön sind, da ich sie mit
vielen Herren ganz nackt gesehen habe. Ländlich,
sittlich!?

Die Zigeuner werden hier gleich dem Vieh
verkauft und mißhandelt. Es gibt eine Dame,
welche fünftausend Stück besitzt, wovon sie jähr=
lich wie Pferde oder Ochsen von der Weide ver=
kauft. Was von diesem Menschen=Vieh nicht ver=
kauft wird, muß für die Erlaubniß zu leben
eine jährliche Abgabe bezahlen, auch läßt man
sie ein Handwerk erlernen, und verpachtet sie
dann auf Jahre; eben so werden sie als Kut=
scher, Bediente, Köche und dergleichen verpachtet
oder auf Jahre verkauft, wo dann der Preis

steigt oder fällt, wie bei dem Vieh von zehn bis hundert Dukaten. Man ist so sehr daran gewöhnt, die Bauern zu mißhandeln, daß man behauptet, sie thäten nichts ohne Schläge. Im Winter verkriecht sich die Mehrzahl in der Erde, im Sommer wohnen sie in Zelten oder Hütten, oder liegen zwischen dem Vieh umher und schlafen; und da der Bauer unter Schlägen und Mißhandlungen kaum die Abgaben erschwingen kann, so ist ihm der Muth zu arbeiten benommen, es ist daher alles verwüstet und verödet in diesem schönen Lande, welches Gott zum Paradies der Erde geschaffen hat, damit es die Bojaren zerstören, verwüsten und von Civilisation sprechen, worunter sie die gänzliche Demoralisirung der Weiber und Mädchen verstehen, indem sie sich durch ihren europäischen Rock ein Ansehen von Aufklärung geben wollen. Die Finanzen sind im schlechtesten Zustand. Die Staatsdiener und die nöthigen Ausgaben werden nicht bezahlt; das schlechteste Geld, was sich denken läßt, ist im Umlauf, die Scheidemünze die Kosten der Prägung nicht werth, und doch überall Staatsmangel. Die meisten Menschen gehen müssig oder sitzen und liegen an ihren Thüren. Der öffentliche Unterricht beschränkt sich auf Wenige, welche bezahlen können, eine große

Zahl Mädchen und Buben laufen durch die Straßen ohne Lehre und Unterricht. Die Verwaltungsverordnungen sind durch Widersprüche aller Art von den Behörden selbst so verworren, daß der Hospodar mit dem besten Willen nicht helfen kann, indem die Politik Rußlands Alles nach ihren Absichten leitet. Vor meiner Abreise mußte ich noch zusehen, wie eine Menge Missethäter mit Ruthen auf offener Straße gegeißelt wurden, ihre Rücken waren ganz Blut, wobei man aber nicht aufhört, bis sie die angesetzten Hiebe erhalten haben. Der Sträfling umfaßt einen andern, so daß sein Bauch wieder dessen Rücken kommt, und ein Dritter haut mit einer Gerte so lange, bis die Strafe vollzogen ist; eine Menge Volk, Damen und Herren belustigten sich damit, der Exekution zuzusehen. Wie alt die Welt auch ist, wie scheußlich dieses auch seyn mag, und wie viele philosophische Jahrhunderte es schon gegeben, so ist es doch gewiß, daß man bis jetzt noch in keinem Lande ein wahres Mittel erfunden hat, die bürgerliche Gesellschaft und das Eigenthum sicher zu stellen. Man hat in allen Ländern über die Art der Strafe gestritten, darin geändert und gewechselt, aber immer hat man darauf zurückkommen müssen, daß, wo Verbrechen verübt werden, Strafen nöthig sind. Die Verbrecher, welche ihre Laster nicht eingestehen wollen, erhalten stark gesalzene Fische ohne Wasser, wodurch dann zuletzt ein Jeder ja sagen muß, weil der Tod ihm wün­schenswerth gegen die unnatürliche nicht möglich auszuhaltende Qual seyn muß. Der einmal Gefangene ist daher gezwungen, sich als Ver­brecher anzugeben, wenn er auch unschuldig ist, denn der Gesetzgeber erhält dadurch das gehoffte Ja, ermordet einen Unschuldigen und wird da­durch selbst zum Mörder. Nachdem mein Paß noch einmal von einem Schreiber mit einer Dumm­kopfsphysiognomie gehörig nach allen Seiten be­trachtet worden war, schrieb er in mehreren Linien darauf, daß er ihn gesehen und daß ich nun weiter reisen könne. Die armen civilisir­ten Bojaren hatten das von dem rebellirenden Frankreich in den Zeitungen gelesen, und glaub­ten nun, wie die deutschen Affen, das wahre Mittel zur Landessicherheit in einem solchen Papier gefunden zu haben. Nachdem also der Tölpel die Erlaubniß zu reisen ertheilt, erhielt ich eine Pobroschne, welche den Posthaltern be­fiehlt, mir vier Pferde mit einem Postkarren zu geben, wofür ich auf zwölf Posten nur drei Du­katen bezahlte und nun frei bis Krajowa reisen konnte. Es ist eine schöne Einrichtung, gleich das Postgeld für die ganze Reise bezahlen zu können, welche in allen Ländern Nachahmung verdiente. Die verschiedenen Posthalter bringen meinen Namen in ein Buch und die Podroschne wird auf der letzten Post zur Berechnung abgegeben. Der Postkarren ist fünf Fuß lang, mit keinem Eisen beschlagen, wie alle Wagen in diesem Lande ganz ohne Eisen sind; man fährt im stärksten Lauf der Pferde, die nichts zu ziehen haben, Alles im wildesten Zustand, über Brücken, wo Balken fehlen, andere, welche den Einsturz drohen, durch Koth, über Felder und Wiesen, durch Löcher, über Knüppelwege, wo die Stöße nicht auszuhalten sind. Weil die Postillone auf dem Pferde nichts davon fühlen, so jagen sie immer fort und man muß ihnen Geld versprechen, um nur langsam zu fahren. Sie hören gewöhnlich das Rufen des Reisenden nicht, weil sie zu Pferde in einem fort ein großes Geschrei und Gebrüll machen. Durch mehrere Flüsse wurde geschwommen, und der Altfluß war durch den vielen Regen so hoch, daß mir noch ein Kahn zu Hülfe kam, da der Postillon mit den Pferden ertrunken ist. Man sagte mir, daß jährlich viele Menschen und Vieh ersaufen, welches aber gleichgültig ist, wenn nur der Paß visirt ist.

Die Stadt Slatina ist nur ein elendes Dorf, wo die Zerstörung schon die meisten Häuser zur Ruine gemacht hat. Ich fuhr an in einem Han, ein sogenanntes Wirthshaus, wo in einem Loch, welches man mir als Zimmer anwies, gar keine Mobilien und nichts im Hause zu essen war. Unter den vielen Menschen, welche die Neugierde versammelt hatte, um den Reisenden zu sehen, war auch ein deutscher Kistler, welcher mir ein gutes Zimmer, Essen und Trinken in seinem reinlichen Hause anbot, welches ich ihm gut bezahlend dankbar annahm und mich freute, daß die deutsche Hospitalität auch im Auslande über die unhospitalen Bojaren siegte, indem in diesem Dorf ein reicher Bojar wohnte. Das ganze Land von der Länge von zwölf Posten ist eine große unübersehbare Ebene; der beste reichste Boden voll Unkraut, Gesträuch und zerstörter Eichenwaldungen, wo alle Bäume abgehauen sind, und die Ausschläge der Wurzeln grünten. Dazwischen sind einzelne Flecken mit Gerste und Welschkorn angesäet, aber so daß eine Menge Dörner und ander Gesträuch dazwischen stand, und man vor hohem Unkraut nicht sehen konnte, was darauf angesäet war. So ist das ganze Land von Thieren regiert, von Sklaven bewohnt, welche man auf eine Million und achthunderttausend berechnet. Hier und da sieht man Heuhaufen mit Löchern in der Erde, welches die Häuser und Dörfer des schönsten kraftvollsten Volkes sind. Neben diesen Löchern haben sie eine Laube von Holzreisern, um gegen die Sonne gesichert zu seyn, darin liegen sie umher und schlafen. Die Weiber sind mit dem Spinnrocken immer in Arbeit und sehr fleißig. Sie und ihre Männer tragen die schönsten Hemden immer sehr weiß und reinlich mit einer rothen Gurte um den Leib und eine schwarze Pelzmütze. Die Weiber tragen noch zwei Schürzen, die eine hinten, die andere vorn, von schönem gestreiftem Zeuge, welchen sie selbst machen. In der Stadt und auf dem Lande geben sie meistens die Brust zum eckelhaften Ansehen, welche beim Gehen wie veraltete Tabaksbeutel umherschlagen, auch scheinen die Weiber aller Stände sehr mürrisch und unfreundlich zu seyn, welches man für Zurückhaltung ansehen könnte; was aber nicht der Fall ist, da mir die Doktoren und Apotheker aus den gewöhnlichen Arzeneien das Gegentheil bewiesen; doch dieses ist nur von Bukarest zu verstehen. Im hiesigen Lande hätten fünf Millionen vollauf zu leben, aber Kolonisten wollen keine hierher, weil keiner der Sklave der Bojaren seyn will, und ohne Sklaverei sehen sie lieber ihr Land ver=

wüsten, anstatt von freien Menschen rechtliche Zinsen für den Boden zu begehren, oder das Land zu verkaufen, welches ihnen nichts einbringt. Selbst dem Vieh gleich, wollen sie lieber unzählbare Heerden, welche im Winter kaum ihr Leben fortbringen, da es keinen Stall gibt, und sie zu faul sind, die üppigen Wiesen abzumähen, um für den Winter Heu zu haben. Kurz hier ist Alles wild, worunter die Bojaren, welche französisch zu sprechen glauben und immer Paris und Civilisation im Munde führen, gerade die verächtlichsten sind. Die Weiber tragen viele Silbermünzen und Dukaten in den Haaren und am Halse, eigentlich der beste Schmuck, weil man für ihn ohne Verlust alles haben kann. Wenn man einer walachischen Dame die Hand küßt, so gibt sie dem Herrn den Kuß im Gesicht zurück. Eine schöne Mode, wenn die meisten nur nicht so häßlich wären!

Krajowa. In dieser Gegend standen im letzten Krieg dreißigtausend Türken, ihnen gegenüber sechstausend Russen, welche schon die Gewehre strecken wollten, als der General in der Nacht beschloß, die Türken anzugreifen, welche davonliefen und Gewehr und Gepäck der kleinen Zahl Russen überließen. Krajowa hat viele schöne Häuser, welche zwischen den elendesten

Hütten zerstreut umherliegen, und anstatt mit schön angelegten Gärten meistens mit einem wüsten Platz voller Disteln und Dörner umgeben sind. Alle Zimmer sind leer, gar keine Mobilien als eine Bank mit einem Teppich überlegt, für Tag und Nacht zum Sitzen und Schlafen. Nach dem Mittagessen legt man sich schlafen. Die Straßen sind dann ganz leer. Gegen sechs Uhr kommt man wieder hervor, und wer Pferde mit einem schlechten Wagen halten kann, fährt spazieren, weil es eine angenommene Schande ist, zu gehen. So fährt in Bukarest der Lieutenant im Miethwagen, wenn er nicht eigene Pferde hat, und selten sah ich einen Offizier zu Fuß in den Straßen; er bleibt lieber in seinem Zimmer sitzen, wenn er kein Geld zum Fahren hat. Mir wurde es sehr übel genommen, daß ich immer zu Fuß umherlief und sogar auf den Exerzier=platz zu Fuß kam, der gleich vor dem Thor lag. Wer nicht fährt, wird für einen gemeinen Men=schen gehalten, welches mich aber unter diesen Narren nicht abhielt, immer zu gehen. Man hatte noch nie einen Menschen mit Orden gesehen, der gehen konnte. Die Straßen der Stadt Krajowa sind mit Balken überlegt, statt eines Steinpflasters, und der Dreck, Morast und Schmutz ist überall vorherrschend. Alle erdenk=

liche Maskeraden, welche die Narrheit nur er=
finden kann, wandern durch die Straßen in den
seltensten grotesksten Formen und Gestalten; man
glaubt eine Musterkarte der Kleidung aller Welt=
theile hier versammelt zu sehen. Bei Besuchen
bringt ein mit Pistolen und Messer versehener
Türke eine zehn Schuhe lange Pfeife, Kaffee
und eingemachte Früchte mit einem Glas Wasser.
Ein russischer Offizier, welcher vom letzten Feld=
zug hier geblieben ist und sich verheirathet hat,
klagte bei dem Gouverneur, daß eine von den
Russen gemachte Brücke, welche er zu seinen
Gütern passiren mußte, eingestürzt seye, und
mehrere Bauern, welche mit ihren Pferden hätten
durchschwimmen wollen, ertrunken wären, welches
auch einer Dame mit vier Pferden geschehen.
Der Gouverneur antwortete: die Dame hätte
zu Hause bleiben sollen und Brücken kosteten
Geld, dann seye das Wasser zu Zeiten klein
und gut zu passiren, worauf man mit seiner
Reise warten müsse. Alle Brücken sind von den
Russen im letzten Krieg gemacht worden, aber
alle, da an keine Ausbesserung zu denken, im
schlechtesten Zustand, und das Ertrinken geschieht
so oft, daß man gar nicht darauf achtet. Ich schickte
auf die Post um Pferde zur Fortsetzung meiner
Reise über Czernetz nach Serbien, erhielt aber

zur Antwort, daß die Flüsse so groß wären, daß man sie nicht durchschwimmen könne. So bald dieses wieder möglich, würde ich die Pferde gleich erhalten, es seye noch gestern ein Bauer mit vier Ochsen ertrunken. Ich werde also warten müssen, weil ich die mosaische Kunst nicht verstehe. Ich habe hier ein gutes Zimmer und treffliche Kost bei dem Apotheker Schwab, der ein Deutscher ist. Am Abend, als die Hitze nachgelassen, lief ich umher, und erlebte eine Scene, welche die verwegenste Einbildung kaum denken kann. Eine Bojarin hatte unter ihrem übrigen Vieh auch mehrere Zigeuner, worunter ein sehr schönes Mädchen von fünfzehn Jahren war, welche sie einem bekannten liederlichen Menschen für zwei Dukaten verkauft hatte. Das Mädchen sollte eben abgeführt werden, als ich an der erbärmlichen Hütte vorbeiging, wo ich ein heftiges Weinen hörte. Ich frug nach der Ursache, die man mir, wie ich schon gesagt, erzählte. Die Eltern, Brüder und Schwestern weinten alle, sie aber wurde aus den Armen ihrer Mutter losgerissen und fortgeschleppt. Ich ging zum Barbaren, um sie ihm abzukaufen, allein er war reich und lachte über die fünfzig Dukaten, welche ich ihm bot, um ihr die Freiheit zu geben; er habe sie zu seinem Vergnügen gekauft, und wenn sie sich nicht gutwillig seinem Willen fügen wollte, so würde er sie so lang prügeln lassen, bis sie einwillige. Wenn ich übrigens Zigeuner kaufen wollte, so besitze er fünfhundert Stück, unter denen es auch sehr schöne Mädchen gebe, die sich nicht sträuben würden, da sie ihm alle zum Dienst gewesen. In diese sey er verliebt und gebe sie um keinen Preis. Ich ging zum Gouverneur und sprach überall davon mit der größten Entrüstung, allein sie lachten über meine Dummheit: „die Zigeuner sind unser Eigenthum, wir können damit machen, was wir wollen." Ich hatte in Bukarest mehrere Bettler ohne Hände gesehen, und hörte nun, daß ihre Herren sie ihnen hätten abhauen lassen. Einer von ihnen erzählte mir, daß sein Vater den Bojaren, der ihm die Hände hätte abhauen lassen, erdrosselt habe, dafür aber hingerichtet worden sey. Die Bojaren lassen oft die Kinder der Zigeuner kommen und zur Unterhaltung durch ihre Kinder peitschen. Diese Kindererziehung soll sehr alltäglich seyn, die Eltern morden und verstümmeln nach Wohlgefallen, die Kinder müssen frühzeitig daran gewöhnt werden und auch ihr Vergnügen haben. Man rechnet in der Walachei vierzigtausend Zigeuner, alle schlimmer wie das Vieh behandelt.

Die Bauern tragen hier allgemein Pelze über ihre Tunika oder weiße Hemden wie die Blusen der Brabanter, an den Füßen tragen sie Bundschuhe, Opanken (Opanak, Opanka). Sie treten auf ein Leder, schneiden es nach dem Fuß und schnüren es über den Fuß mit ledernen Riemen. Ihre Strümpfe sind von vielen Farben, unter den Knieen gebunden; sie tragen sich überhaupt noch so, wie sie in Rom auf der Colonna Trajana abgebildet sind.

Die Stadt Krajowa hat ein wildes Ansehen. Oft sieht man ein schönes Haus einsam auf einem von Disteln und Dörnern überwachsenen Platz von den elendesten Hütten umgeben. Alles gleicht der Zerstörung. Die Aussenseite ist überschmiert mit Koth wie in Bukarest, dem walachischen Paris. Auf den Straßen sieht man weder Weiber noch Mädchen; die ganze Nacht bellen die Hunde, die hier, wie in Konstantinopel, wild und herrenlos umherlaufen. Unter den Bojaren sieht man viele schwarzbraune Gesichter, welche auf eine tatarische Abkunft oder Vermischung mit den Zigeunern weisen. Es giebt hier viele Klöster, Kirchen und Pfaffen, welche sich streiten, ob Gott einen Bart oder keinen habe, und Juden in Menge, welche Ferdinand und Jsabelle aus Spanien vertrieben, zum ewigen

Ruhme ihrer Dummheit. Die sechs Posten bis Czernetz an der Donau, wo man nach Cladowa in Serbien überfährt, gehen durch eine wahre Einöde. Alles wüste, nur der freien Natur überlassen, mit einigen elenden Hütten über und unter der Erde. Die Weiber stehen an den Eingängen und spinnen, die Männer liegen umher und schlafen; sie arbeiten so wenig, daß im Jahre 1816—17 eine solche Noth war, daß sie Brod von Eichenrinde essen mußten. In einem Lande, wo fünf Millionen Menschen alles im Ueberfluß haben könnten, wohnen nicht zwei Millionen, welche bei Mißjahren aus Faulheit verhungern. Ich durchfuhr einige Eichenwälder von der größten Schönheit, wo die Zerstörer noch nicht hingekommen waren. Die ganze Gegend ist bergig; hier und da wächst der Weinstock ohne gehörige Pflege. Der Wein ist sehr gut, aber aus Faulheit immer trübe. Wenige Felder sind mit Welschkorn unter Disteln und Dörnern bewachsen, woraus sie ihre Mameluja bereiten, welches mit Wasser gemischtes Mehl ist, das zu einem Taig gekocht wird, wie die Polenta in Italien und der Cuscussu in Nord-Afrika, ein Punkt, worin wie in manchen andern mit den Beduinen die Ungarn, Slaven und Walachen die größte Aehnlichkeit haben, die auch

gewiß mit jenen zu demselben Urstamme gehören.
Die Brücke über die Szyl war vom großen Waſ=
ſer durch anhaltenden Regen weggeſchwemmt;
mehrere Tage hatte ich mich im traurigen Krajowa
aufhalten müſſen, endlich verſicherte der Gouverneur, daß er ein gutes Fahrzeug für Pferde und
Wagen hinbringen laſſen wolle, es war aber nicht
ſo, und die Bauern holten endlich einen ausge=
höhlten Baum, den ſie bei kleinem Waſſer zum
Fiſchen brauchten, womit ſich einer mit mir und
meiner Bagage durch die ſtarke Fluth hinüber
wagte und dann zwei Stunden nach der nächſten
Poſt mein Koffer trug. Ich führe dieſes an, um
zu zeigen, wie man hier reiſen muß, um dieſes
von Gott geſegnete und von den Menſchen ver=
wüſtete Land zu ſehen. Ich habe aber auch auf
meinem ganzen Weg keinen Reiſenden getroffen.
Man ſieht nur ſehr ſelten auf dem Lande eine
Kirche oder einen Geiſtlichen, indem ſie in den
Städten müßig durch die Straßen laufen. In
Clatowa wird ſchon alles Türkiſch, ich ſchreibe
auf den Knien im türkiſchen Sitz und ſchlafe
auf einer Matte. Die Stadt wird ganz neu
erbaut und gleicht, wenn ſie fertig iſt, einem ge=
wöhnlichen Dorf in Deutſchland. Morgen werde
ich es mit Reiten verſuchen, da in Serbien nicht
gefahren wird. In Czernetz dauerte es ein paar

Stunden, bis die weisen Walachen mich aus ihrem Lande ließen, sie konnten meinen Paß nicht lesen noch verstehen, und schrieben in mehrere Bücher. Am Ufer der Donau mußte ich noch mein kleines Koffer aufmachen und sie frugen in ihrer Weisheit, ob ich keine walachische Fabrikate bei mir hätte, wovon ich Zoll bezahlen müßte. Da nun in der Walachei außer Ochsen nichts fabrizirt wird, so frug ich die Dummköpfe, ob sie glaubten, daß ich einen Ochsen im Koffer hätte. Nachdem sie sich vom Gegentheil überzeugt, währte es noch eine Stunde, bis der Zufall einen Kahn herbeiführte, womit ich die Donau überfuhr und also zu Cladowa in Serbien war.

Hier kam gleich der Polizei-Gewalthaber zu mir, führte mich zum Kapitain, welcher mich zu Mittag fütterte, indem im Wirthshaus gar nichts zu haben war. Die malerische, beinahe ganz verfallene kleine Festung ist noch von Türken besetzt, welche mit den Bewohnern der neu angelegten Stadt in Ruhe und Frieden leben. Hier hatten die Römer schon eine Feste, wovon man noch einige Ruinen am Ufer sieht, weiter sind die Ruinen der trajanischen Brücke, wovon man noch zwei große, drei Klafter breite Pfeiler und an beiden Ufern die Trümmer von Kastellen sieht. Bei kleinem Wasser kommen noch eilf

Pfeiler hervor. Die Geschichte sagt, daß Trajan diese Brücke nach Ueberwindung des dacischen Königs Decebalus durch Apollodorus Damascenus habe erbauen lassen, sie hatte zwanzig Pfeiler 150' hoch, 60' breit und 170' von einander entfernt, sie waren durch Bögen verbunden. Man findet in der ganzen Gegend noch viele römische Münzen. Hadrian ließ diese Brücke zerstören, um den Uebergang der Geten zu erschweren. Bei Karansebes unweit Temeswar, wo man den Sebes passirt, welcher sich hier mit der Temes vereinigt, steht im Thal der Thurm Ovids am Fuß des hohen Mikabergs, wo Ovid sein Exil erlebt haben soll. Bei Czerneß wird der alte Thurm dem Kaiser Severus zugeschrieben, dessen Namen er wenigstens trägt.

Wie man in Serbien eintritt, kommt man in große schlechte Wälder, über hohe Berge, wo eigentlich keine Wege sind, bis man endlich die Straße erreicht hat, welche der Hospodar nen anlegen läßt, und welche bereits über diese Berge und durch Wälder von schönen Eichen auf eine Strecke von dreißig Stunden fertig ist. Milanowaß mit seinem barbarischen Namen ist die zweite Stadt, welche neu angelegt wird. Es giebt bereits viele schöne Häuser, und eine Menge Herren umzingelten mich bei meiner Ankunft und brachten mich in ein schönes Haus, wo ich mit einem guten Nachtessen erfreut wurde, und auf einer Matte auf dem Boden, nach einem Ritt von zwanzig Stunden ohne Essen und Trinken gut schlief. Am andern Morgen ritt ich neu gestärkt nach Cruscewitza, wo auch die Gastfreundschaft des Kapitano mich ausgezeichnet bewirthete. Ohne diese Freigebigkeit würde der Reisende verhungern, da nirgends etwas zu bekommen ist. Hier hatten die Berge und die totale Leere an Menschen aufgehört, ich ritt durch eine schöne Ebene, wo die Kultur überall im schönsten Flor war, und sah Wälder von mehreren Tagwerken, welche nur aus Obstbäumen bestanden, die in Reihen schön gepflanzt waren. Eine Menge schönes Vieh aller Art weidete in den üppigen Wiesen, ich sah gut und reinlich gekleidete Menschen, gut bestellte Aecker und die Feldfrüchte in der üppigsten Vegetation. Die Mädchen arbeiteten im Felde als wenn sie im Sonntags-Anzuge gewesen wären. Die Brust überhängt mit Glaskorallen, auf dem Kopf eine große Perücke bis ins halbe Gesicht, und tief im Nacken hängend von zusammen gereihten Silbermünzen, die wie Fischschuppen auf einander lagen, welches ihr schönes Gesicht entstellte und sehr häßlich aussah. Die Weiber trugen förmliche Kronen mit Geld behangen und durch dicke Haarflechten mit lebenden Blumen geziert, ein langes Hemd mit vielen gestickten Blumen, auch mit Gold und Silber durchwirkt, worin sich ihre Brust auszeichnet, mit der sie der Himmel reichlich beschenkt hat. Im Allgemeinen sind die Mädchen und ihre Kleidung schön und sehr reinlich, wie schmutzig auch ihre Häuser sind. Die Männer gehen in einem langen weißen Hemd, mit einer breiten Gurt um den Leib, worein sie wie die Türken ihre Pistolen und ihr langes Messer stecken. Nimmt man dazu ihre mit Blumen gewirkten Strümpfe und ihre Opanken an den Füßen, so sehen sie sehr malerisch aus, und haben auch sonst bei ihrer Größe und ihrem kraftvollen Körperbau ein schönes kriegerisches Ansehen. Ich besuchte Pozarewatz und ritt dann nach Kragonewatz, wo der Hospodar sich gewöhnlich aufhält. Die großen Ebenen Serbiens sind gut angebaut, die Menschen schön und wohlhabend. Alle Städte gleichen sich und könnten besser Dörfer heißen, sie bestehen aus einer langen Straße, wo sich die Häuser wie Schuppen mit einem Fallfenster von Holz ganz aufmachen. Das Innere bildet den Kaufladen in einer Tiefe von zehn Schuh; vorne wird gearbeitet. Die meisten Handwerker sind Schuster und Schnei=

der, die einen großen Vorrath fertiger Kleider aller orientalischen Formen mit Gold und Seide schön gestickt zum Verkauf fertig haben. Nur der Reisende ist übel daran, die Wirthshäuser sind die schmutzigsten Löcher, die sich nur denken lassen, ohne Thüre und Fenster. Man schläft gewöhnlich auf einer Holzpritsche in freier Luft; zu essen bekommt man nichts, und wird endlich etwas zugerichtet, so benimmt der Eckel jeden Genuß und man muß sich zu der Befriedigung seines Magens zwingen. Die Hospitalität kommt zwar einige Mal zu Hülfe, allein das ist selten. Doch macht die Kultur in diesem Lande große Fortschritte und würde hier schon weit gediehen seyn, wenn der durch sein Geld zum Erbfürsten ernannte Milosch nicht Schwein-Händler gewesen wäre. Sie bezahlen zum Zeichen der Oberherrschaft an den Sultan jährlich fünfzigtausend Dukaten, seitdem sie sich von der türkischen Verwaltung los gemacht haben. Doch haben die Türken alle Festungen besetzt und sind die Serbier mit ihrem jetzigen Fürsten Milosch, der sie mehr wie die Türken drückt, so unzufrieden, daß eine neue Revolte kaum ausbleiben wird. Im vierzehnten Jahrhundert hatte Serbien einen König, der sich auch Kaiser nannte und den doppelten Adler auf seinen Fahnen führte. Dieser Stephan

Duschan beherrschte Macedonien und Anatolien. Im Jahre 1356 wollte er mit achtzigtausend Mann, um seine Herrschaft zu vergrößern, ausrücken, wurde aber vom Tode ereilt. Dreiunddreißig Jahre später verlor sein schwacher Sohn in der Schlacht von Kossovo gegen die Türken das Reich und die Freiheit. Serbien hat schöne Waldungen und die schönsten Eichen, die man sehen kann. Sie wachsen und verfaulen, ohne daß man Nutzen davon zu ziehen weiß. Welche Quelle für die englische Marine, wenn man die Eichen zur Erleichterung des Transports auf Ort und Stelle verarbeiten ließe!

Die Serbier gehören zu den Slaven, wie die meisten Völker all dieser Länder. Im zehnten Jahrhundert hatten die Slaven Hellas, Epirus und Macedonien besetzt; den Peloponnesus nannten die Römer damals slavisirt und barbarisch. Durch diese Volksmischung entstand das Neugriechische und überfüllte sich mit slavischen Wörtern, so wie die Walachen, welche Latein redeten, durch die slavische Vermischung eine neue Mundart gebildet. Von dem Rascia=Fluß hieß das östliche Serbien einst Rascien, vor Alters Dardania. Die Bergkette Bujukbesch durchschneidet Serbien von Osten nach Westen. Beträchtlich ist das Gebirge Karabaghi im Nordwesten, dann das Gebirge Sadina Preseka im Südosten. Der Bergbau ist aber ganz vernachlässigt, und doch zeigen die bedeutenden Silber-Minen bei Trepcia, was er leisten könnte. Es werden aber im nächsten Jahre zwölf junge Leute nach Sachsen geschickt, um den Bergbau zu studiren. Der Fürst Milosch, der, wie gesagt, einst Schweinhändler war, liebt den Handel und Gewinn, weßwegen er auch zum Ruin seines Volks fast alle Handelsartikel für sich monopolisirt hat.

Serbien ist von bedeutenden Flüssen durch- und umflossen, die Donau, die Sau, der Drino, die Morawa, deren westlicher Arm Raffka oder Draschka sich mit dem östlichen vereinigt, der aus den Flüssen Toplitza, Tempeska und Morawa entsteht. Die Tempeska nimmt die Nissava auf, sie vereinigen sich bei Rosnue in die Morawa und fließen bei Passarowitz in die Donau. Auch nimmt die Morava den Jbar und Timok auf und alle strömen in die Donau. Wo die Türken weg sind, wünscht man sie zurück, wie Rom den Nero, als er todt war. So bedrohen die Serbier dem Milosch, welchen man ihnen, ohne ihre Wünsche, zum Erbfürsten gegeben hat, mit Revolten.

Er regiert wie das Scheidewasser das Eisen, er hat die Abgaben mehr wie verdoppelt, Gesetze, sagt er, seyen nicht nöthig, sein Wille sey das

Gesetz, welchen er nicht unter das Geschriebsel auf einem Papier beugen wolle. Er kann weder lesen noch schreiben, und gleicht ganz einem Schweinhändler, auch hat er sich das Monopol des ganzen Handels zugeeignet. Den Anführer der Serbier gegen die Türken Kara Georg oder Czerny Georg ließ er umbringen, als dieser aus Rußland, wo er Hülfe gesucht hatte, zurückkam, er nahm ihm alle seine gestohlenen Schätze und bahnte sich durch diese den Weg zur Regierung. Seine Frau und zwei Söhne wohnen in Belgrad, er mit einer in Konstantinopel gekauften Sklavin in Kragoúevatz. Wenn er Schweine sieht, so lauft er ihnen nach, und ruft sie, wie die Schweintreiber thun, zusammen. Er läßt die Menschen prügeln oder prügelt sie selbsten, und behauptet, daß alle Besitzungen in Serbien sein Eigenthum seyen, und kein Serbier Eigenthum besitzen könne. Er nimmt es, seyen es Grundstücke oder Häuser, ohne alle Bezahlung weg, wenn ihm etwas gefällt, wie noch vor Kurzem das Haus eines Doktors, welches derselbe bei Belgrad erbaut hatte. Der Arzt mußte ausziehen, mit einer geringen Summe, welche ihm Milosch aus Gnade geben ließ, sich befriedigen, und Milosch belustigte sich auf einige Tage in dem schönen Haus. So könnte man von ihm eine lange Geschichte seiner Willkür und Laster schreiben, und muß sich wundern, daß Rußland ihn mit Orden überhängte und ihn zum Erbfürsten machte, wozu der Sultan ja sagen mußte: dafür schimpft er jetzt über Rußland aus der schwärzesten Undankbarkeit. Es ist zu verwundern, daß die Serben ihn so lange dulden. Da ich den fürstlichen Schweinhändler sehen wollte, so schickte ich bei meiner Ankunft in Kragoúevatz zu ihm und ließ fragen, um welche Stunde er mich empfangen wollte. Der Wirth sagte mir, daß es nur am Abend seyn würde, damit er Zeit hätte, seinen ganzen Hofstaat in Galla zu setzen, um mir eine große Idee von seinem Reichthum und seiner Größe einzuflößen. Um sechs Uhr Abends erschien ein Obrist, um mich abzuholen. Eine Menge Offiziere und Hofbediente waren mit Gold und Silber überhangen; ich wurde in ein Zimmer geführt, wo ein Sopha und ein Stuhl für mich standen; gleich erschien der Fürst, ganz mit Gold überstickt; er empfieng mich sehr liebreich, in seiner angebornen Lebensart, ließ mir nach orientalischer Sitte Pfeife und Kaffee reichen, und ich sprach mit ihm über zwei Stunden durch seinen Dollmetscher von gleichgültigen Sachen, wobei er immer seinen Haß gegen Rußland blicken

ließ. So meinte er, die Polen hätten Rußland
zernichten können, wenn sie einig gewesen wären,
allein er hoffe alles von den Tscherkessen. Der
Kaiser Alexander sey ein großer Mann gewesen,
allein dieser Kaiser schien ihm nicht zu gefallen,
und er äußerte sich darüber wie ein Schwein=
händler, wobei ich ihm mit aller Freiheit wider=
sprach. Jetzt fieng er von Deutschland zu spre=
chen an, wovon er kaum den Namen wußte.
Ich war endlich der Dummheit müde und empfahl
mich, um am andern Morgen weiter zu fahren.
Da mein Wirthshaus über alle Begriffe schmutzig
und erbärmlich war, so verließ ich mit Freude
die fürstliche Barbaren=Residenz.

Belgrad, heißt zu deutsch Weißenburg, lateinisch
Alba graeca oder Bulgaria, türkisch Bilgrada,
ungarisch Nandor Fejérwár. Den slavischen
Namen hat Belgrad von bielo, weiß, und gorod,
grod, eine Stadt; vor Alters hieß Belgrad Tau-
ranum. Sie liegt am Zusammenfluß der Donau
und Sau, Sava. Hier brachen sich immer
Oesterreichs Waffen und die innere Kraft der
Armee. Belgrad wurde seit 1439 zehn Mal
belagert, 1522 eroberte Soliman der Zweite die
Festung, welche auf einem Hügel erbaut ist,
1688 nahm sie der Kurfürst Max von Baiern,
1690 die Türken, 1717 der Prinz Eugen von

Oesterreich, 1789 eroberte sie Laudon. Im Frieden 1791 erhielten sie die Türken zurück, und 1806 erstürmte sie Kara (Czerny) Georg, Anführer der Serbier. Die Festungswerke sind jetzt im schlimmsten Zustande, alles verfallen und verdorben, im Innern gleichen sie einer Ruine, die keinen großen Widerstand leisten kann, wie das ganze türkische Reich. Man glaubte in allen österreichischen Kriegen, daß man keine Festung im Rücken unerobert hinter sich lassen dürfe, bis der Volksgeist 1813 im Krieg gegen Frankreich den Beweis lieferte, daß Festungen, Ueberbleibsel aus dem Faustrecht und den Bürger-Kriegen, nur Ort-Schützen, aber keine Land-Schützen sind. Die Festung Belgrad sieht aus, als wenn der Zerstörer alles Menschlichen eine Ewigkeit darin gehaust hätte, seit Laudon und Kaiser Joseph liegt noch alles, wie sie es verließen, selbst die neuen Gebäude von Laudon sind verfallen und gestützt, um den gänzlichen Einsturz noch ein Paar Tage aufzuschieben und im ewigen Erbdreck noch darin zu wohnen. Ich meldete mich, um den Bassa zu begrüßen und meinen Paß visiren zu lassen. Eine Menge in zerrissener Kleider gehüllter, mit Pistolen, Säbeln und großen Messern bewaffneter Menschen lag in den schmutzigen Löchern umher. Sie sagten, daß der

Bassa noch in seinem Harem sey, wo er den ganzen Tag mit seiner Pfeife bei den Weibern zubringt, und alles um sich her verfallen läßt, wie dann das ganze türkische Reich bereits eine Ruine ist. Ich bestand darauf, daß ich dem Bassa gemeldet seyn wolle, worauf dann ein Offizier in zerrissener Uniform hingieng und mit der Antwort zurückkam, der Bassa sey krank und im Harem. Ich ließ ihm sagen, ein kranker Mann im Harem sey der Spott der Weiber, er solle also mich hineinlassen, weil ich gesund sey. Mein Paß wurde dann zum Kadi geschickt, der ihn mit einigen Worten bereicherte und seinen Siegelring darauf malte, mir aber sagen ließ, ein Paß sey in der Türkei nicht nö= thig, man sehe auf das Betragen des Reisenden und nicht auf ein trügliches Papier, man möge es Paß oder Impaß nennen. Belgrad, gegen= über von Semlin an den großen Flüssen Sau und Donau, welche hier die Grenze des Banats, Sirmiens und Serbiens bilden, wäre sehr schön gelegen, wenn nicht jeder Schritt in der Stadt mit Dreck und Zerstörung bezeichnet wäre. Es könnte die Niederlage des ganzen orientalischen Handels seyn, und ist nichts als eine Masse zer= fallener Hütten, wo einige Krämer und Hand= werker um das tägliche Brod arbeiten. Semlin ist ebenso, und Orsowa dreißig Stunden weiter nicht besser. Die Weiber und Mädchen sind eingesperrt, man sieht nur einige Weiber wie Mumien in den Straßen; dann leben die Menschen ganz isolirt, ein jeder nur für sich, sie vergraben das Geld, welches sie verdienen, ihr Brod ist sehr schlecht, einige Zwiebeln, Gurken in Wasser mit Salz gekocht, Obst und Wasser zum Trinken ihre ganze Nahrung. Auch bei Wohlhabenden ist dieß der Fall, um nur mehr Geld der Erde wiedergeben zu können, weil es der Türke immer wegnahm, welches auch jetzt noch von Milosch geschieht. Auf den Schein halten sie alles, ihre Wirklichkeit ist Schmutz und Dreck, ihre Seele scheint immer abwesend zu seyn, oder wie der Leib zu schlafen. Alles in einem Wort ist die stupideste Rohheit, und ein Zeit= und Lebens= Verlust, diese Länder zu durchreisen, wo man an Allem Mangel leidet, gar keinen Genuß hat, und mit roher Wildheit und angeborner Dumm= heit im ewigen Kampf ist und wo das Wort Civi= lisation noch nie gehört worden ist. Doch herrscht dabei überall wenigstens die größte Sicherheit, gestohlen wird nichts, mein Zimmer steht Tag und Nacht offen, meine Sachen liegen umher, ich fand am Abend, als ich spät nach Hause kam, sogar einen Fremden in meinem Zimmer,

welcher sich da einquartirt hatte. Auch ist das
Reisen bei Tag und Nacht sicherer wie in unse-
rem deutschen Vaterland, kurz, von Stehlen,
Rauben und Morden hört man nichts. Bei
Pansowa fällt die Temes in die Donau, aber
gebt ihnen Flüsse und Meere, Faulheit vergräbt
das Geld, welches die Dummheit nicht zu ge-
brauchen weiß. Wo keine Weiber und Mädchen
ins Leben greifen, da ist die Monotonie unaus-
stehlich zu ertragen. Einige eckelhafte schmutzige
Juden=Menscher laufen durch die Straßen mit
entblösten Busen, welche sie, hängend wie
schmutzige Tabaksbeutel, den Augen der Menge
preisgeben, wobei man sich freuen muß, daß die
Civilisation Kleider erfunden hat, weil sonst der
Eckel eine andere Pest würde. Die Häuser sind
Hütten, an der Straße ganz offen und mit Kauf-
manns=Gütern überfüllt. Die Verkäufer sind Handwerker, welche auf diese Art an Allem, was auf
der Straße vorgeht, Antheil nehmen. Die Männer des gemeinen Volks in allen diesen Ländern
tragen Brust und Arme blos, welche dann von
der Sonne ganz schwarz verbrannt sind. Man
erkennt in Belgrad, ohne zu fragen, das Haus,
welches der Prinz Eugen von Savoyen erbauen
ließ, es wurde von den Türken aus Haß zerstört, und zeigt noch in seinen Ruinen den großen

Geist des Erbauers und die Erbärmlichkeit der Zerstörer. Die Häuser selbst der Reichen sind im Innern ganz leer; ein Schrank in der Mauer, ein Paar Kisten, ein Sopha und einige Teppiche ist Alles, und der gänzliche Mangel an Kochgeschirr in den Küchen zeigt, daß ihre Mahlzeiten sehr frugal sind. Selbst im Hause des Fürsten Milksch ist alles leer; sie verstehen sich kaum auf die nothwendigsten Bedürfnisse, und haben wenigstens die Tugend, daß sie nicht alle unsere Laster kennen. Belgrad ist noch immer im Besitzstreit zwischen den Türken und Serbiern, so haben die Türken auch noch die Wasserstadt an der Donau besetzt, wodurch aller Verkehr gehemmt ist und sogar das Bauen neuer Häuser unsicher wird. Viele Menschen treiben sich hier umher, die an Abkunft, Sitten, Kleidung und Sprachen sehr verschieden sind. Sie handeln mit österreichischen Fabrikaten, da im Lande keine Fabriken und keine Industrie sind. Die Handwerker sind meistens Deutsche, die Schneider ausgenommen, welche in ihrer Kunst die größten Virtuosen sind. Sie besetzen die Kleider mit Goldfäden in hunderterlei Formen und Bildern, aus freier Hand und sticken in den künstlichsten, höchst malerischen Ansichten mit vielem Geschmack und Schönheit. Die alles wissenden Pariser

Schneider würden hier nur gemeine Dummköpfe seyn. Die Frauen, welche fast nie und nur vermummt aus dem Hause kommen, sind Sklavinnen der Männer, welche sich von ihnen bedienen lassen. Die Frau darf nicht bei dem Mann am Tisch sitzen, und muß, selbst wenn er Gäste hat, den Tisch bedienen, welches sogar die Fürstin Milosch thun muß. Die Dummköpfe verstehen nicht, daß sie sich dadurch heruntersetzen. Das ganze öffentliche Leben ist werth- und gehaltlos. Auch die Männer thun nichts. Sie sitzen umher, sehen sich an, rauchen, schweigen und schlafen. Ganz nach den türkischen Gewohnheiten leben diese Klötze, bis der ewige Schlaf ihrem werthlosen Leben ein Ende macht.

Von Belgrad nach Konstantinopel sind hundert achtzig Stunden. Weil dieses Land wenig bereist wird, so sind die Gelegenheiten zum Fortkommen sehr selten. Der Brief-Kurier geht in sechs Tagen zu Pferd bis Konstantinopel, wozu aber mehrere angestellt sind, welche sich auf dem Wege ablösen; auch kann man Pferde miethen, oder Postpferde zum Reiten haben, ein Pferd kostet dann die Stunde dreißig Para, ungefähr acht Kreuzer; auch kann man fahren, da die Wege im Sommer ziemlich gut sind. Ich zog vor, zu fahren, und bezahlte bis Nissa zwanzig Gulden. Von Nissa bis Sophia, das alte Sardica, welches die Bulgaren in ihrer Landessprache Tiradiza nennen, bezahlte ich zwölf Gulden. Hinter Sophia passirt man den Esker-Fluß. Ich bezahlte von Sophia bis Felibe oder Philippopoli auch zwölf Gulden. Bei Iktiman ist die Grenze von Bulgarien und Rumilien; hier ist eine Brücke über den Mariza-Fluß. Man übersteigt das Balkan-Gebirge, wo die Wege sehr schlecht sind; alle Zweige und Verkettungen der Gebirgs-Massen heißen hier Balkan. Diese ganze Gebirgs-Kette erstreckt sich unter mancher Benennung vom adriatischen bis zum schwarzen Meere, jedoch ist der Name Balkan vorherrschend. Der Botaniker und Mineralog würde hier ein weites Feld zu Forschungen haben, ja es ist nicht zu bezweifeln, daß dieß Gebirge auch edle Metalle enthält, aber hier gilt nur Faulheit, welche die hundertjährige Sklaverei erzeugt, und nur Kraft zum Zerstören hat. Von Felibe oder Philippopoli bezahlte ich bis Ebrene oder Adrianopel zwölf Gulden. In Adrianopel nahm ich drei Pferde zum Reiten bis Konstantinopel, welche achtzehn Gulden kosteten, wodurch mich also das Fahren und Reiten von hundert achtzig Stunden mit den Trinkgeldern hundert Gulden kostete. Ich wurde freilich auf einem Leiter-

wagen mit Matten überdeckt fortbewegt, allein
dieß ist das einzige Fuhrwerk im Lande. Des
Nachts kampirte ich mit meinem türkischen Fuhr=
mann und seinen schlechten Pferden in Wäldern
und auf dem freien Felde, was man in vielen
Ländern nicht wagen würde, und was hier ohne
alle Gefahr ist. Ich wählte das Kampiren in
der freien Natur, da in den Häusern oder
Wirthshäusern durchaus nichts zu haben ist und
bei dem schönen Wetter das wilde Leben viel
angenehmer war, als ein Lager zwischen Koth
und Dreck in den Häusern; auch waren viele
Häuser wegen der Pest von den Menschen ver=
lassen oder ausgestorben. Zudem muß man die
Lebensbedürfnisse immer mitführen, wodurch dann
das Reisen sehr unbequem, aber sehr wohlfeil
wird. Mit der Pest geht es übrigens wie mit
allen Uebeln, sie werden immer vergrößert. So
hieß es, in Sophia seyen dreißigtausend Men=
schen gestorben, dieß wären zehntausend mehr
wie die ganze Bevölkerung. Man muß sich
überhaupt von keinem Geschwätz irre führen
lassen, sondern seinen Weg durch die Welt muthvoll
allein machen, und sagen: ich will, und damit gut.

Alle diese Länder werden durch viele Flüsse
und Bäche durchkreuzt, und wo das Wasser
fehlt, da hat die Wohlthätigkeit für Brunnen

und Wasser an den Wegen gesorgt. Bei vielen sind Lauben oder Dächer, um den Reisenden gegen die Sonnenhitze zu schützen. Die Türken trinken nur Wasser und Kaffee, obwohl ihre Berge ihnen den besten Wein zusichern. Ihre Weingärten sind zwar in einem wilden Zustand, doch liefern sie in diesem herrlichen Klima Trauben vom besten Geschmack und übergewöhnlicher Größe. In Serbien wird Wein, zwar wenig, aber von großer Güte gemacht. Die Außsichten auf dem Wege von Semendria über die Donau nach dem jenseitigen Banat würden sehr schön seyn, wenn man die Sümpfe um Panezova austrocknen und bevölkern wollte. Millionen Menschen haben Platz in diesen von der Natur so reich beschenkten Ländern, aber Alles ist öde und vernachlässigt. Die Menschen wohnen wie das Vieh in den scheußlichsten Löchern in der Erde und wie die Lappländer in Hütten, alles aus Faulheit, und weil die Regierung sich nicht darum bekümmert, aus Unwissenheit und eigener angeborner Gleichgültigkeit gegen das Wohl der Menschen und Länder, zufrieden, wenn sie nur ihren Gehalt bekommt. Die Festung Semendria gleicht einem alten großen Ritterschloß mit vielen hohen Thürmen an der Donau, die hier durch ihre Breite ein schönes Ansehen hat. Einige

zerstreute Hütten, vernachläſſigte Kultur, Armuth
und Mangel; Kukuruz, Gerſten, Korn, ſo viel
ſie ungefähr zu brauchen glauben, Waſſer-Melo-
nen, welche ſie ſchon unreif eſſen, ſpaniſcher
Pfeffer (Paprica), Gurken, am Feuer gebratenes
Welſchkorn, Zwiebeln, Bohnen und das in Waſſer
gekochte Mehl von Welſchkorn ihre ganze Nahrung: und doch gibt es keinen Adel, keinen Mit-
telſtand, keine Bürger, nur Bauern, Krämer und
Handwerker hier. Selten ſieht man eine Kirche
und einen Geiſtlichen, der dann, wenn man einen
ſieht, zerriſſen und zerlumpt einher geht, und
das Bild der Unwiſſenheit und der Armuth iſt.
Die Städte ſind nur Dörfer, die Dörfer nur
Hütten für Thiere, indem die Kühe und Heerden
Ochſen im Winter gar kein Obdach haben und ihre
Nahrung unter dem Schnee ſuchen müſſen. Es
iſt ihnen ſchon Mühe und Arbeit genug, für ſich
eine Hütte zu bauen, obwohl vier Mann ein
ſolches Loch in ein Paar Tagen fertig haben
können. Alle dieſe Länder ſind nicht werth, ge-
ſehen, aber ſehr werth, kultivirt zu werden und
die Deutſchen aufzunehmen, welche nach Amerika
gehen. Man würde es ohne Ekel nicht leſen
können, wenn ich alle Scenen in den ſchmutzigen
Häuſern erzählen wollte, von denen jeder Reiſende
das Opfer ſeyn muß. Viel ſchlimmer noch iſt

es in den Städten, als auf dem Lande, wo man wenigstens die Hütte gleich verlassen kann, um sich im Freien zu lagern. Um sich aber von der saubern Lebensweise einen kleinen Begriff zu machen, will ich nur anführen, daß ich in einem ganz schmutzigen Geschirr Milch erhielt, welche der Kerl, um sie vom Unrath zu reinigen, durch sein Hemd laufen ließ, und ich mußte sie, vom Hunger gequält, essen. Dann ist alles voll Wanzen, Läuse und Flöhe. Da hangen Schaaf- und Ziegen-Felle, da liegt Wolle, da hängt ein von Fliegen überdecktes, halbstinkendes Lammfleisch, welches ich mir gleich braten werde, in einem Geschirr, welches rein zu waschen unmöglich ist, indem ich den Dreck mit einem Messer abschneide; da liegen alle mögliche Lumpen der Garderobe Haufenweise auf einander; da stehen Pferde, Hühner, Gänse, Schweine, einige schmutzige Töpfe, ein Wasserkrug und in der Mitte in diesem Loch ein Feuer, wo ein Paar Leute in der Asche sich Welschkorn braten, um zu Nacht zu essen. Dann eine Erhöhung von Brettern zum Schlafen und die Wände vom Rauch ganz schwarz; vor dem sogenannten Hause eine Laube von dürr gewordenen Reisern mit einer Pritsche. Da liegen die Männer umher im ewigen freudenleeren Nichtsthun. Die Weiber und Mädchen bekomnt man nicht zu sehen. Ich habe viele Leute getroffen, welche als Soldaten die Kriege in Deutschland und Frankreich mitgemacht hatten, und in den ersten Städten gewesen waren, sie sehnten sich nicht dahin zurück, ihr Dreck und Schlafen war ihnen lieber, man habe zwar in diesen Städten, sagten sie, vieles, was sie hier nicht hätten, aber man müsse arbeiten und könne alles das entbehren. Der Haupterwerb ist Vieh, man sieht die größten Heerden, und doch fehlt es überall an Milch, Käse, Butter und Fleisch. Am meisten aber vermißt man Reinlichkeit, Ordnung und das Hausregiment der Frauen, welche der Dummkopf nur zu Zeiten als Instrument zur Befriedigung des Naturtriebs sieht. Der größte Theil des Landes liegt öde. Die Deutschen gehen nach Amerika und ein zweites Europa liegt verwüstet in diesen Ländern, wo die Bevölkerung von ganz Europa sich verdoppeln könnte. Allein die Regierungsleute denken nur an ihre Gehalte und der Fürst Milosch nur an seinen Monopol-Handel und seine Schweine. Bei Raschnia in der fruchtbaren Ebene von Warwarin schlug Graf Oruk und Czerny Georg mit zehntausend Russen und Serbiern dreißigtausend Türken.

Bei Alexenza (Alerineze) hat der Fürst Milosch auch eine Quarantaine errichtet, welche, sagt man, ihm hunderttausend Franken einbringen soll, nach dem Beispiel von Griechenland, wo die Regierung auch auf die Pest spekulirte, um hunderttausend Franken den Reisenden für nichts abzunehmen. Der Handel wird dadurch endlich so beschränkt werden, daß die Dampfschiffe aufhören können. Diese Quarantaine ist ein großer Nachtheil für Belgrad, weil gegen Belgrad über in Semlin auch eine Quarantaine ist, wodurch aller Verkehr aufhören muß. Sie ist aber, wie alle diese dummen Anstalten, so eingerichtet, daß die Eingebornen sie immer umgehen, und überhaupt sind alle diese Anstalten so schlecht, daß sie mehr geeignet sind, epidemische Krankheiten zu verbreiten. Sodann werden die Eingesperrten durch schlechte Kost und alle möglichen Prellereien in Kontribution gesetzt, damit die Regierungen, welche auf die Pest spekuliren, den Reisenden das Geld abnehmen.

Die Stadt Nissa (Nisch) umgeben von Bergen an der Nissawa in einer schönen Lage mit einer verfallenen Festung, gleicht einem tausendjährigen alten verfallenen deutschen Dorf, worin der Feind in Sturm und Plünderung gehaust hat, und wo jetzt eben Jahrmarkt ist, wo die Krämer ihre Stände aus den alten halb verfaulten Brettern errichtet haben. Einige soge=

nannte Häuser aus Lehm ohne Fenster, andere mit Papier verklebt, welches zerrissen ist. Diese Hütten ohne vernünftige Form und Geschmack sehen scheußlich aus, im Innern ganz leer, eine Pritsche mit einer Matte überlegt, vor welcher sie immer die Pantoffeln ausziehen, wenn sie sich zum Schlafen darauflegen, indem sie alle Kleider anbehalten. Da sie keine Möbeln haben, so brauchen sie auch nur ein Zimmer zu ihrem freudenlosen Leben. Der Dünger, Koth, Dreck und Mist liegt in den Straßen umher; verfallene Brücken und den Einsturz drohende Häuser sind die Verzierungen der Stadt. Alles sieht aus, als wenn der ewige Feind der Ordnung hier hauste. Die Männer liegen umher in den Kaufläden mit bloßen Füßen, die schmutziger noch als ihre zerrissenen Pantoffeln sind, und bieten ihre langen, schmutzigen Nägel den Vorübergehenden zur edelhaften Ansicht, das Ungeziefer, womit sie reichlich versehen sind, ohne Scheu suchend. Ich ging zum Bassa, um meinen Paß visirt zu haben, es hieß wieder, er sey im Harem, und unter dem Festungsthor saß auf einer zerbrochenen Bank ein Schreiber, welcher dieses mit ein Paar Worten verrichtete. Sein ganzes Bureau war diese Bank, auch hatte er Tinte und Griffel, womit er auf mehreren Zetteln andern Leuten etwas schrieb. Bezahlt wurde nichts, was man im civilisirten Europa besser versteht. Ueberhaupt ist die Einfachheit der türkischen Verwaltung sehr groß, und wenn man die augenblickliche strenge Justiz, welche wir despotische Gewaltstreiche nennen und die oft vorkommen, beseitigen könnte, so würden sie sehr frei leben, da man tausend Quälereien nicht kennt, womit unsre Regierungen die Menschen belästigen. Einige vermummte Frauen mit Pantoffeln an breiten, langen, schmutzigen, bloßen Füßen sah ich durch die Straßen gehen, ohne allen Anstand. Man wünscht ihr Gesicht gar nicht zu sehen, und alle, welche ich zufällig sah, waren mehr häßlich, als schön. Alle Handwerke werden in den Buden oder auf den Straßen getrieben, wo auch die Pferde beschlagen werden, wozu die Eisen haufenweise in Vorrath fertig sind. Die Hufeisen bestehen aus runden glatten Ringen, ganz leicht und dünn, ohne Stollen, sie passen auf alle Pferde. Wenn der Fuß ausgeputzt ist, wird das Eisen mit sechs Nägeln, welche etwas erhabene Köpfe haben, darauf befestiget, um was der Fuß zu lang ist, das wird weggeschnitten. Indessen gefallen mir diese leichten, glatten Ringe, welche den ganzen Fuß decken und nur in der Mitte ein rundes Loch haben von zwei Zoll im Durchmesser, weit besser, wie die schweren Hufeisen bei uns, weil das Pferd dadurch seinen natürlichen leichten Lauf behält.

Ich war froh, endlich ein Fuhrwerk gefunden zu haben, und die schmutzige sogenannte Stadt Nissa zu verlassen. Die Straße führt durch anmuthige Thäler, zwischen öden kahlen Bergen, die theilweise mit Holz und Gesträuch bewachsen sind, und zu Anpflanzungen von Reben verwendet werden könnten, aber alles verödet hier unter Menschen, deren Hauptlebenszweck Liegen und Schlafen ist. Die Berge hängen in ihren tausend Gestalten und Verkettungen mit dem Balkan und all diesen öden Steppen, wo der Mensch und die Kultur fehlt, zusammen. Viel Vieh, etwas Kukuruz, alles in wilder Kultur, Wassermelonen und Zuckermelonen, welche bei uns nur im Mist= beet fortkommen, wachsen hier wild, aber Alles schlecht benützt, keine Butter oder Milch, nur etwas Käse; Alles bereiten die Männer, Alles schmutzig und ungenießbar. Nahe bei Nissa sieht man neben der Straße ein scheußliches Monument, welches aus lauter Menschenschädeln besteht, welche in einer Schlacht der Türken gegen die Serbier fielen, es sollen lauter ser= bische Schädel seyn, welches ihnen aber nur der Doktor Gall ansehen könnte. Es sind, wie man sagt, dreißigtausend in einem viereckigen Thurm aufgehäuft und zum scheußlichen Anblick in den Mauern zwischen Steinen eingemauert, viele sind schon abgefallen von dieser Schädelmosaik, wo ein Kopf am andern ruht. Es wäre dieses Monument würdig, die Büste Napoleons zu tragen. Einige Stunden davon mußten die Pferde durch die Nissawa schwimmen. Obwohl viele schon da ersoffen sind, so meinte doch mein Fuhrmann, eine Brücke würde mehr kosten, wie ein Menschenleben werth wäre. Die erste Nacht kampirte ich bei der kleinen Stadt Afpalanka, welche nur aus dreißig Familien bestehen soll, wovon die Pest schon einige mitgenommen hat. Sie ist mit Thürmen und Mauern umgeben und liegt in einem schönen Thal von herrlichen Bergen umgeben, wo guter Wein wachsen könnte. Wegen der Pest habe ich diese Stadt nicht besucht. Es gibt auf dem Weg nach Sophia mehrere Thäler in fast runder Form, welche ausgetrocknete Seen zu seyn scheinen, die später sich verloren, als das abriatische Meer sich von dem schwarzen Meer getrennt hatte. Ueberall in Bulgarien fehlen die Menschen, es gibt viele Büffel und Vieh aller Art in großen Heerden, aber wenige Pferde, die klein, aber stark sind, und gut laufen; doch meistens reiten

sie im Dreischlag. Die Bauern sehen sehr elend
aus, und das ganze Land ist das treffendste
Bild der Grenze der Kultur und der Barbarie;
die Bewohner sind meist Griechen.

In der ganzen Gegend wüthet die Pest, und
als ich eben bei einem Han meine Branntewein-
flasche füllen ließ, kam ein Türke angeritten, stieg
vom Pferde, legte sich und starb. Ein Anderer
nahm sein Pferd, wahrscheinlich als Erbschaft in
Empfang und ritt davon. Sophia liegt in einer
schönen Ebene, welche viele Stunden lang und
breit ist. Es gibt viele Lager von Torf hier,
welchen sie wahrscheinlich als Brennmaterial nicht
kennen. Die ganze große Fläche war mit Schaa-
fen und Hornvieh stark bevölkert, der Mensch
fehlte überall. Man sieht durch ganz Bulgarien
und Rumilien längs der Straße viele Grabhügel, die von alten Schlachten oder sonstigen denk-
würdigen Menschen oder Thaten herrühren mögen, auch führt eine alte Steinstraße her, die
aber so verdorben ist, daß sie nicht mehr gebraucht werden kann. In keiner Stadt gibt es
ein gesellschaftliches Leben, der Bauer steht tief
unter dem Vieh in scheußlicher Armuth, die Dörfer sind wie Heuschober, welche die schrecklichen
Wohnungen des Ungeziefers, der Faulheit, und
des Königs der Erde, wie die Narren den Men-

schen nennen, sind. Die meisten Bewohner sind der griechischen Religion zugethan, sie haben ihre Kirchhöfe und Kreuze so viel sie wollen, ohne daß die Türken sich darum bekümmern, Kirchen aber sind auf dem Lande sehr selten. Es gibt mehrere schöne Thäler, umgeben von den Zweigen des Balkans, durchströmt von Flüssen und Bächen, aber keinen Handel, keine Industrie, keine Kultur, alles begraben unter dem Fluch des Himmels. Einige Weiber sah ich überhängt mit Silbermünzen, selbst Kinder, die mehrere Dukaten anhängen hatten; überall die größte Sicherheit, die Kinder liefen mit ihren Dukaten frei umher, ohne daß man darauf Acht hatte. Thut das in dem konstitutionellen Deutschland, wo, wie ihr wißt, die beste Regierung und Verfassung ist, aber die Menschen hier sind nicht aufgeklärt. Bei Tatar Bazar am Mariza-Fluß gibt es viele Büffel, auch sah ich hier die große Nation der Esel. Die Lage in einer großen Ebene ist bei dem besten Boden sehr schön, der Pflug ist ohne Ruder wie in Nordafrika, im mittäglichen Frankreich und in Egypten, die Wagen überall ohne Eisen, von Büffeln oder Ochsen, selten von Pferden gezogen, die Milch vom Büffel unendlich besser wie der Rahm von unsern Kühen.

In einer schönen Ebene, durchflossen vom

Mariza, liegen die drei schönen isolirten Berge, woran sich Felibe oder Philippopoli anlehnt, sich theatralisch erhebt und durch die schlanken Minarets und seine göttliche Lage den reizendsten Anblick gewährt. Als ich aber zwischen den seit Jahrhunderten bestehenden Kirchhöfen durchgefahren, hatte ich bei jedem Schritt mit Ekel und Dreck zu kämpfen. Diese große Stadt, Sitz eines griechischen Erzbischofs, gleicht einem verwüsteten elenden Dorf, und jede Idee, die man sich von Schmutz und Dreck nur machen kann, wird gegen dieses Original=Drecknest weit zurück bleiben müssen. Kurz jede Beschreibung von allem, was ich in den verschiedenen Städten sah, ist Wiederholung desselben. Hier gibt es keine Gärten, keinen Luxus, keine Möbeln, keine schöne Häuser, keine öffentliche Spaziergänge, keine gesellschaftliche Zusammenkünfte, keine gelehrte Gespräche, keine Bücher, keinen Tanz, keine Musik, keine Feste, keine Dichtung: kurz alles im ganzen Lande ist die langweiligste, elendste, erbärmlichste Prosa, Dreck und Faulheit. Bei Philippopoli wird viel Reis gezogen, welcher aber den reichen Leuten gehört, wofür der Bauer umsonst alle Arbeit verrichten muß. Und damit die Türken sich und ihre Länder und Menschen gewiß zu Grunde richteten, verboten sie, daß ein Christ für sich keine Früchte säen darf, woher dann alles verödet und verwüstet liegt.

Eberne oder Adrianopel liegt am Zusammenfluß der Mariza (Hebrus), Tundscha und Arba. Hier wurde der Friede zwischen der Pforte und Rußland am 14. September 1829 geschlossen. Als die Russen abzogen, übergab der General auf Befehl des Kaisers dem einziehenden Bassa eine bedeutende Summe Geld, um sie unter diejenigen zu vertheilen, welche durch die Russen Schaden gelitten hatten. Die Stadt gleicht allen türkischen Städten, verfallene, schlechte, erbärmliche Häuser, Koth, Dreck, Kaufläden und wenig zu kaufen, und der Han so entsetzlich schlecht, daß ich zum östreichischen Konsul gieng und ihn um ein Zimmer und etwas Nahrung bat, was er mir auch mit vieler Höflichkeit gab, obwohl er mit vielen Kindern selbst ein armer Teufel ist, und von Oestreich gar keine Besoldung hat. Die Lage von Adrianopel ist sehr schön, und die Gegend fruchtbar. Die Moschee gehört zu den schönsten Gebäuden der Erde, sie wurde mir gleich eröffnet, und als ich wie üblich, meine Stiefel ausgezogen, spazierte ich frei umher im schönsten Tempel des Herrn, der aus dem höchsten Gefühl des menschlichen Herzens entstanden ist. Man wird ergriffen von Andacht, alle Sinne

erheben sich zum höchsten Wesen, und doch gibt
es darin keine kleinlichte Bilder, wie in den
katholischen Kirchen, welche den Geist zur An=
dacht rufen sollen, aber das Ganze ist ein hohes
Bild, welches zur Anbetung des Allerhöchsten
ruft. Man denkt nicht an Christus noch an
Mahomet, man denkt nur an Gott. Der Bau=
meister gehört zu den ersten der Welt, und alles
was ich von Kirchen sah, ist nichts gegen dieses
Meisterwerk. Bedeckte Gänge, Gärten umgeben
sie. In der Mitte der Kirche quillt Wasser in
einem schönen Marmorbecken, wovon ich trank,
und Sprüche aus dem Koran zieren die Wände,
deren heiliger Inhalt zur Andacht und Anbetung
des einzigen Gottes ruft. Von den schönen schlanken
Minarets hat man die Aussicht über die ganze
Stadt, die einen schönen Ueberblick darbietet, in=
dem die Wirklichkeit eine große Ruine von Holz,
Erde, Unordnung und Schmutz ist. Die Lage
am schönen Mariza=Fluß, die Nähe von Kon=
stantinopel, die schönen fruchtbaren Umgebungen
laden ein zu einem großen ausgedehnten Handel.
Der viele Reis und die Seide sind schon be=
trächtliche Handelsgegenstände, aber die Kaufleute
klagen sehr über Zwang, der freilich im Handel
Alles zerstört, da sie sich immer mit dem Bassa
abfinden müssen, welcher überall ein Monopol

ausübt. Bei meiner Annäherung an Adrianopel wurde ich durch die großen schönen Maulbeerpflanzungen überrascht. Es waren die ersten Bäume, welche ich von Menschen Hand in der Türkei gepflanzt sah. Als Stadtneuigkeit erzählte man mir, daß zwei Aerzte, natürliche Handwerksfeinde, in großem Streit seyen. Der Eine war krank geworden, und wie gewöhnlich seiner Unwissenheit überzeugt, ließ er den andern rufen, welcher von ihm eine beträchtliche Summe forderte, um ihn zu heilen, da es türkische Sitte ist, die Aerzte zuvor zu bezahlen. Da er die geforderte Summe nicht bezahlen konnte, so heilte er ihn auf Kredit, worüber er jetzt bei dem Kadi Proceß führt. Es gibt eine Menge Ausländer hier, welche das Doktorhandwerk treiben, und sehr reich werden, während wie bei uns die Patienten den Kirchhof bewohnen müssen.

Adrianopel war die erste Residenz der türkischen Kaiser in Europa, welches Murad der erste 1360 eroberte. Durch schlechte Staatsverfassung wurden die Griechen schon im dreizehnten Jahrhundert in Asien geschlagen, und Osman der Erste gründete schon 1300 einen türkischen Staat in Kleinasien. 1355 setzte Soliman über den Hellespont oder die Dardanellen. So verloren die griechischen Kaiser, wie jetzt die Türken, eine

Provinz nach der andern, bis endlich am 29. Mai 1453 Muhamed der Zweite Konstantinopel mit Sturm einnahm und dem griechischen Kaiserthum ein Ende machte. Konstantin Paläologus der Eilfte war der letzte Kaiser und fiel im Gemetzel, als Schuld, daß er nicht zu herrschen verstand. Mit weniger Mühe besetzten die Türken die Länder an der Donau, auch Epirus, Negroponte, Attika, Morea, kurz ganz Griechenland und verjagten die Genueser und Venezianer aus den Inseln, wo sie sich wegen des orientalischen Handels eingenistet hatten. 1770 empörten sich die Griechen, indem sie auf russischen Beistand fruchtlos gehofft hatten, bis endlich 1829 ein Theil von Griechenland seinen eigenen König erhielt, indem die Politik der großen Mächte auf eine unbegreifliche Weise das Interesse Rußlands beförderten. Ich habe bis hieher nur Steppen, Hütten, arme Menschen und Heerden gesehen, und selbst auf meiner Reise ein Nomaden=Leben geführt, da die elenden Wirthshäuser kaum Wohnungen von Menschen gleichen, und ausser Armuth, Dreck und Ungeziefer nichts darin zu finden ist. So liegt unter dem schönsten Himmel, wo die Natur dem Menschen Alles in reichster Fülle gegeben, Alles in todter Verwesung unter der eisernen Ruthe des Despotismus, welcher sich selbst zerstört.